Volker Resing

Die Kanzlermaschine

Volker Resing

Die Kanzlermaschine

Wie die CDU funktioniert

HERDER

FREIBURG · BASEL · WIEN

MIX
Papier aus verantwor-
tungsvollen Quellen
FSC® C106847

© Verlag Herder GmbH, Freiburg im Breisgau 2013
Alle Rechte vorbehalten
www.herder.de

Satz: Barbara Herrmann, Freiburg
Herstellung: fgb · freiburger graphische betriebe
www.fgb.de

Printed in Germany

ISBN 978-3-451-30592-4

„Wir wollen jetzt die Kirche im Dorf lassen."

Helmut Kohl am 22. Oktober 1998 bei seinem letzten
Lagebericht im Bundesvorstand der CDU in Bonn

„Ran an den Speck, wir haben noch viel vor."

Angela Merkel am 5. Dezember 2012 auf dem Parteitag
in Hannover nach ihrer Wiederwahl als Parteivorsitzende

Inhalt

Kanzlermaschine auf dem Prüfstand

Eigentlich war es der Moment des größten Triumphs. Die CDU konnte nach der Großen Koalition wieder eine bürgerliche Regierung bilden. Am Ziel aller Träume, sollte man meinen. „Angie, Angie" riefen die Anhänger und Mitarbeiter der Parteivorsitzenden Angela Merkel am späteren Abend des 27. September 2009 im Konrad-Adenauer-Haus in Berlin zu, als sie vor das Mikrophon trat. „Wir haben etwas Tolles geschafft", sagte die Kanzlerin. Sie lachte und herzte den damaligen Generalsekretär Ronald Pofalla, und die Menge jubelte. War das der Endpunkt eines über zehnjährigen Leidens? Nach der krachenden Niederlage Helmut Kohls 1998, nach dem selbstzerstörerischen Parteispendenskandal 1999, nach den Selbstzweifeln in den Schröder-Jahren, ob die CDU je wieder Regierungspartei werden könne. Nach der Großen Koalition, die einigen wie ein Regieren mit angezogener Handbremse vorkam, konnten jetzt wieder CDU/CSU und FDP das Land führen, wie unter Helmut Kohl, wie unter Konrad Adenauer. Endlich wieder glorreiche Zeiten. Doch dann sagte Merkel an diesem Abend im hohen Eingangsfoyer der Parteizentrale: „Ich will Bundeskanzlerin aller Deutschen sein." Das sei ihr Verständnis von diesem Amt. Gerade in den Krisenzeiten sei das wichtig. Von Merkel war kein Triumphgeheul zu erwarten, das wussten auch ihre Fans. Sicher hatte Merkel auch im Hinterkopf, dass das Ergebnis von 33,8 Prozent für sich genommen kein Erfolg war. Das schlechteste Ergebnis seit 1949 für die Union. Das sagte sie nicht, aber man konnte an ihrem Gesicht an diesem Abend diese Gedanken ablesen. Sie freute sich über die Feierlaune, aber sie feierte nicht mit. „Jetzt wartet Arbeit auf uns", sagte sie. Noch so ein Merkel-Satz. Aber sie merkte noch indem sie es sagte, dass sie mit dieser Wendung nicht den Stimmungsnerv des Parteivolks traf. „Das soll jetzt keine Ernüchterung sein", schob sie schnell nach und schloss mit: „Ihr könnt jetzt feiern, ich muss noch Medienarbeit machen". Die Partei verzieh ihrer Kanzlerin in diesem Moment alles: ihre Nüchternheit, ihre Kontrolliertheit, ihre präsidiale Überparteilichkeit. Die Partei jubelte einfach weiter.

Diese Szene ist so etwas wie ein situatives Brennglas auf die Gefühlslage der CDU. Merkel hat die CDU aus dem tiefsten Loch ihrer Parteigeschichte herausgeführt, Merkel hat das Kanzleramt für die Kanzlerpartei zurückerobert. Die CDU versteht sich als die geborene Regierungspartei der Bundesrepublik. Sie ist gegründet worden auf den Trümmern des alten Deutschland, um das Land, das im Barbarentum versunken war, wieder aufzubauen. Krisenbewältigung sieht die CDU als ihre ureigenste Fähigkeit an. Und Krisenbewältigung ist auch Merkels ureigenste Fähigkeit. Die CDU hat im Kern überhaupt kein Problem damit, wieder Kanzlerpartei, mithin ein Kanzlerwahlverein zu sein. Sie ist eine Machtmaschine. Doch was hält sie am Laufen? Jede Partei braucht die Abgrenzung und die Polarisierung, ein Wahlkampf, Erfolg in der Demokratie, so will es scheinen, ist anders nicht denkbar. An dem Abend vor der blauen Wand mit dem CDU-Logo hat Merkel zu schnell umgeschaltet von Wahlkampfmodus auf Kanzlermodus. Merkel hätte für diesen Abend, zumindest für einen Augenblick, nicht Kanzlerin aller Deutschen, sondern die CDU-Kanzlerin sein können. Das hätte die Machtmaschine geschmiert. An diesem Abend hätte sie nicht von Arbeit, sondern von Sieg sprechen können. An diesem Abend hätte sie nicht nur Pofalla im Arm, sondern auch ein Glas in der Hand haben können. Aber so ist Merkel nicht. Und vielleicht ist Merkel so erfolgreich, weil sie so ist. Und weil sie so bleibt. Nichts war in der CDU der letzten zehn Jahre so beständig wie der besondere Charakter von Angela Merkel – und das Grübeln ihrer Partei darüber. Aus der Kohl-CDU ist eine Merkel-CDU geworden – über den kurzen Umweg einer Schäuble-CDU und phasenweise einer Art Anti-Kohl-CDU. Es ist eine neue Partei, die manches verloren hat von dem, was typisch für sie war. Doch ihrem Grundcharakter ist sie treu geblieben: Machtmaschine der Demokratie. Regieren kommt vor kritisieren, so das zentrale Selbstverständnis der CDU.

Merkel ist seit acht Jahren Kanzlerin, sie hat Sympathiewerte, die Mitbewerber wie Vorgänger bisweilen blass aussehen lassen. Auch die Umfragewerte der CDU bewegen sich seit 2009 nach oben, wenngleich noch offen ist, ob Merkel eine dritte Amtszeit wird antreten können. Die Geschichte Merkels in der CDU ist eine Geschichte des Fremdelns, eine Geschichte der erarbeiteten Liebe, eine Geschichte, die sich in der Begegnung Merkels mit ihren Anhängern an diesem Abend im Konrad-Adenauer-Haus spiegelt. Sie ist der Mittelpunkt und gehört doch nicht ganz dazu. Sie wird respektiert, bewundert, vielleicht sogar geliebt, und doch bleibt sie so etwas wie eingeheiratet. Auch wenn es beim Bundesparteitag in Hannover 2012 anscheinend eine emotionale Annäherung gab. Das überraschend gute Ergebnis von 98 Prozent bei ihrer Wiederwahl zur Parteivorsitzenden rührte sie zu Tränen, das war zu sehen – ein ungewöhnlicher Gefühlsausbruch. Im ZDF-Interview kurz danach hatte sie ihre Nüchternheit zurück: Das sei ein wunderbares Ergebnis, aber „allein aus Dankbarkeit wird man nicht gewählt". Jetzt müsse sie weiter hart arbeiten.

Möglicherweise gab es für die CDU nach dem Sturz Kohls und nach der Parteispendenaffäre keine andere Chance. Wahrscheinlich sogar ist die Stiefmutter Merkel nach dem gefallenen Übervater der große Glücksfall für die Partei. Wahrscheinlich hätte kein anderer nach dem Desaster so gut aufräumen und neu anfangen können wie sie. In gut zehn Jahren hat Merkel die Machtmaschine CDU wieder flott gemacht. Dabei hat sie ordentlich umgebaut. Wenn sie erfolgreich ist, sind alle zufrieden. Das Fremdeln wird immer ein wenig bleiben, aber es wird stetig weniger werden. „Merkel ist Kult", sagt einer in der Parteizentrale. Mit der Kultfigur Merkel lasse sich die Bundestagswahl 2013 gewinnen. Wenn das so kommt im September, dann feiern wieder alle im Konrad-Adenauer-Haus – und Merkel wird zu ihnen sprechen und dann noch etwas in die Nacht hinein arbeiten.

Die CDU ist zumindest in Teilen noch immer eine Partei in Abnabelung. Das ist inzwischen weniger gegen die Person Helmut Kohls gerichtet, hat nicht mehr so viel mit der leidigen Spendenaffäre zu tun. Es ist ein Erwachsenwerden, wie es Merkel in ihrem berühmten und immer noch lesenswerten offenen Brief 1999 in der

Frankfurter Allgemeinen Zeitung beschrieben hatte. „Die Partei muss also laufen lernen. Sie muss sich wie jemand in der Pubertät von zu Hause lösen, eigene Wege gehen und wird trotzdem immer zu dem stehen, der sie ganz nachhaltig geprägt hat, vielleicht später sogar wieder mehr als heute." Das Ausziehen aus dem Haus des Vaters – oder das Abschieben desselben aufs Altenteil – ist dabei eben nicht nur eine Personalie, sondern eine inhaltliche Veränderung, ein „neuer Weg". Der lange Schatten der 1980er-Jahre reicht bis ins 21. Jahrhundert. Die ideologisierten Themen wurden geradezu genüsslich geschliffen. So wie ein 18-Jähriger endlich Schnaps trinkt, Auto fährt und andere Dinge tut, die er lange nicht durfte. Nie wieder Denkverbote! Nie wieder „Lebenslügen", das von Jürgen Rüttgers geprägte Wort scheint der Schlüsselbegriff der post-patriarchalen Epoche für die Mutterpartei des deutschen Bürgertums. Allerdings führte Rüttgers, der Zukunftsminister unter Helmut Kohl und eine Art Grenzgänger zwischen den Epochen Kohl und Merkel, den Begriff gerade in Abgrenzung zu Merkels neoliberaler Wende (manche sprechen auch von einer „Phase") ein. Was „Lebenslüge" war und was neue Gültigkeit beanspruchen konnte, musste neu ausgehandelt werden.

Dieser Modernisierungsprozess ist demjenigen gar nicht unähnlich, den Kohl selbst in den 1970er-Jahren begonnen hatte. So lässt sich Merkels Neuanfang als Bruch und als Fortsetzung Kohl'scher Aufbruchsrhetorik von 1982 lesen. Kohl hatte bei seinem Antritt als Kanzler vor 30 Jahren eine „geistig-moralische Wende" ausgerufen. Bei den Feierlichkeiten zu diesem Jubiläum im Herbst 2012 deutete Merkel ihre Politik ganz in der Kontinuität Kohls. Das „Später-sogar-wieder-mehr-als-heute" ist für die zur Kanzlerin gewordenen Denkmalstürzerin eingetreten.

Die CDU hat vor einigen Jahren eine Mitgliederwerbekampagne gemacht. Auf Postkarten waren Jugendfotos der Parteiprominenz abgebildet. Es sollte suggeriert werden, auch die Großen von heute waren mal normale junge Menschen. Der Ronald Pofalla ist da mit langen Haaren und Strickpulli zu sehen, Thomas de Maizière hat einen Wuschelkopf und trägt eine John-Lennon-Brille. Annette Schavan und Ursula von der Leyen sehen in jungen Jahren braver aus als heute. Es versammelt sich da eine parteigeschichtliche Generation, die in der Kohl-Union aufgewachsen ist, die aber nun eigene Vorstellungen entwickelt hat. Die Kinder und Enkel Kohls haben das Elternhaus umgebaut, es sind keine Revolutionäre, die ausreißen, aufbegehren, aburteilen. Und die Eingeheiratete ist natürlich nur scheinbar an allem schuld. Angela Merkel, die Protestantin aus dem Osten, FDJ-Mitglied, geschieden, keine Kinder – wenn jemand Kohl zu seinen Kanzlerzeiten gesagt hätte, wer ihm im Amt einmal nachfolgen wird, wäre er vom Glauben abgefallen. Dem Wesen nach ist aber die Angela-Merkel-Partei eigentlich immer noch die alte Kohl-Partei – böse Zungen würden sagen, nur „auf Links gezogen". Viele berichten, in der Jungen Union und auch der CDU der 1980er-Jahre habe man nicht über Umweltpolitik oder Atomenergie sprechen dürfen, zumindest sei es noch aufregend und gefährlich gewesen. Genauso war es mit der Familienpolitik oder mit dem sogenannten „Ausländerproblem", das heute in der CDU wie selbstverständlich lösungsorientiert als „Integrationsaufgabe" bezeichnet wird.

Die Atomenergie ist fast abgeschaltet, Solarpanels sind aufs Dach montiert, die Kinder werden in die Kita geschickt. Wehrpflicht für die jungen Männer – passé, dafür dürfen diese sich jetzt gleichgeschlechtlich lieben und „verpartnern". Kein obligatorischer Kirchgang mehr, aber Muslime gehören zur Familie. Einwanderungsland statt Gastarbeiterland. Selbst die Hauptschule musste dran glauben, nicht aus Willkür, sondern aus Einsicht, heißt es. Die ganze sogenannte, möglicherweise auch nachvollziehbare und folgerichtige programmatische Modernisierung der CDU lässt sich auch lesen als ein Abarbeiten an den Zwängen und Verboten des einstigen Übervaters und seiner Zeit. „Solange Du Deine Füße unter meinen Tisch stellst" – das ist vorbei. Opa ist weg. Jetzt können die nachgeborenen Christdemokraten denken und machen was sie wollen. Dabei war es weder Kohl in Person, der als konservativer Lordsiegelbewahrer die CDU vor Veränderungen behütet hätte. Noch war die Kohl-Zeit eine Zeit der Stagnation. Aber in Kohls ausbalancierter Welt war ein weiteres Fortschreiben der CDU-Vorstellungen nicht mehr möglich. Die Kraft zur Modernisierung war schon Anfang der 1990er-Jahre, spätestens aber 1998 erschöpft. Deswegen brauchte es, so die Meinung der maßgeblichen Gruppierung in der Union, einen Neuanfang ohne Kohl.

„Mission erfüllt", sagte ein CDU-Präsidiumsmitglied 2012 zur Entwicklung der Partei in den zurückliegenden zwölf Jahren. Die Modernisierung der CDU ist kein Ergebnis willkürlicher Entwicklungen, auch wenn sie sich manchmal ruckartig (siehe Fukushima) vollzog, sie ist keinesfalls allein die Idee und das Werk Merkels. Sie hat ihre Grundlagen in der Kohl-Zeit, fand ihre Umsetzung aber in der Absetzung von Kohl. Und sie entspricht wahrscheinlich sogar der Tradition der Union, Veränderung als Wesenszug einer bürgerlich-konservativen Werthaltung zu beschreiben. Nur über Ausmaß und Grenzen gibt es immer Streit. Nach der Wiedervereinigung machte sich auch der Einfluss der ostdeutschen Landesverbände bemerkbar. Die CDU-Ministerpräsidenten Sachsens, Thüringens und Sachsen-Anhalts wirken als veränderungsbereite Kraft auf den Gesamtkörper der Partei ein.

Doch der ganze – natürlich vor allem von der Opposition beklagte – Reformstau der später 1980er-Jahre, der nun abgearbeitet wird, ist allein noch keine Programmatik. Daraus erwächst noch keine Identität. Für die nächsten Jahre brauche es mehr, meinen Beobachter und Parteienforscher. Die Wehrpflicht oder auch die Kernenergie sind immer auch als „Herdfeuerthemen" der Union angesehen worden. Dieses Herdfeuer hätten Merkel und Ihresgleichen ausgetreten, so die Kritiker. Woran, so die Frage, sollen sich die Parteimitglieder nun erwärmen, wenn sie bei Kälte und Regen raus müssen und Plakate kleben? Es brauche gemeinsam geteilte Wertvorstellungen und Themen, die polarisieren und die motivieren, in die Partei einzutreten, damit sich Mitglieder finden, die auch die Kärrnerarbeit der Partei erledigen. Dies gemeinsame Feuer war einmal der Anti-Kommunismus, als Allzweckwaffe der parteiinternen Integration. Mit ihm ließen sich Gestalten wie Alfred Dregger, der eher den national-konservativen Unionsteil vertrat, und der legendäre Generalsekretär Heiner Geißler, der eher dem liberalen Lager zuzuordnen war, zusammenbinden – ja zusammenschweißen. Die Breite der Meinungen in der Union gibt es immer noch, nur woran hält man gemeinsam fest? Diese Frage scheint noch nicht gelöst. Das

Christliche im Namen bietet sich da als einendes Band an, doch ist dieses so locker gespannt, dass es in der ganzen Geschichte der Union nur zur losen Klammer taugte. Auch das „C" bedarf einer Neubestimmung.

Kohl war in seiner Anfangszeit einmal der Erneuerer der CDU, der aus der Honoratiorenpartei eine Mitgliederpartei machte. Doch der alte Grundstock, eine männliche Mitgliedschaft, die abends beim Bier Politik machen wollte, ein kirchlich geprägter vorpolitischer Raum, der Resonanzboden und Aktionsradius bot und eine klare Frontstellung gegen die Kommunisten und Vaterlandsverräter, gibt es so nicht mehr. Die „Mund-zu-Mund-Beatmung", wie dies der CDU-Landespolitiker Werner Remmers einmal nannte, für die wie auch immer geartete Basis, bleibt Grundvoraussetzung der CDU als eine im Volk präsente Partei. Bei allen Definitionen des Begriffs Volkspartei scheint diese am schlüssigsten, die beschreibt, wie eine Partei bis in die Kapillargefäße einer Gesellschaft eindringt, dort, wo Politik und politische Einstellung und Engagement entstehen. Auch diese Art Parteiarbeit muss neu entdeckt und erfunden werden.

Neulich klagten die Kreisgeschäftsführer im Berliner Konrad-Adenauer-Haus ihrem Generalsekretär Hermann Gröhe und dem Bundesgeschäftsführer Klaus Schüler ihr Leid. Die Strukturen der Partei seien noch aus der Ära der Briefmarke, es gebe aber inzwischen auch bei CDU-Parteimitgliedern im hinterletzten Dorf im Taunus oder der Eifel Internet. Warum also schreibe die Satzung sogar für die Einladung zur Vorstandssitzung der Ortsunion den postalischen Weg vor? In der Parteizentrale hingegen dominiert vor allem die Sorge um sinkende Mitgliedszahlen. In den Kreisgeschäftsstellen, das ist so etwas wie der Maschinenraum der Partei, da wollen einige noch jünger werden, Kampagnenpartei werden, Aktionsbündnisse für einzelne Vorhaben inszenieren können. Schnell mit Facebook, Twitter etc. auf den neuen Marktplätzen aufschlagen.

Der programmatische Aufbruch nach der Kohl-Ära fand seinen Ausdruck unter dem Parteivorsitzenden Wolfgang Schäuble 1999 beim Parteitag in Erfurt. Die dort verabschiedeten Leitsätze gaben eine neue Richtung vor. 13 Jahre später wirken sie geradezu zaghaft angesichts dessen, was die Partei inzwischen für Veränderungen vollzogen hat. Am Beispiel des Umgangs mit Homosexualität wird dies exemplarisch besonders deutlich. In Erfurt wurde die Ablehnung gleichgeschlechtlicher Partnerschaften explizit nicht erwähnt, aber subsumiert unter „andere nicht-eheliche" Partnerschaften. Zwar solle jeder leben können wie er wolle, doch komme eine Gleichstellung und damit die Abwertung der Ehe nicht in Frage. Dies entspreche nicht dem Familienbild der CDU. Lange ist es her: Inzwischen gibt es eine eingetragene Lebenspartnerschaft, von Rot-Grün eingeführt, die weder von der Großen Koalition noch von Schwarz-Gelb abgeschafft worden ist. Vielmehr wird eine Gleichstellung der „Homo-Ehe" Schritt für Schritt vorangetrieben. Und dies ist längst nicht mehr nur ein Ziel der „anderen", auch der FDP, sondern auch eines Teils der Union selbst. Die „Homo-Ehe" ist in der Union nach wie vor umstritten. Auch wenn Wahlforscher das Thema für CDU-Wähler als nicht mehr relevant ausmachen, ist es ein Beispiel für die programmatischen Baustellen der Partei.

Im Sommer 2012 haben 13 Unions-Bundestagsabgeordnete mit dem Vorschlag Schlagzeilen gemacht, das Ehegattensplitting auch für gleichgeschlechtliche Paare einzuführen. Damit werde eine der letzten gravierenden „Ungleichbehandlungen" abgeschafft. Unter den Initiatoren waren die Vize-Fraktionsvorsitzende und langjährige Präsidentin des Katholischen Deutschen Frauenbundes, Ingrid Fischbach, sowie der hessische Landesvorsitzende der Christlichen Arbeitnehmerschaft (CDA), Matthias Zimmer. Beide sind katholisch, verheiratet, haben Kinder. Es ist einiges unübersichtlich geworden in der CDU. Für die Initiative gab es zunächst mal mächtig Gegenwind. Auch die Kanzlerin war „not amused". So etwas schade der Partei in den Kerngebieten, hieß es. Fraktionschef Volker Kauder bestellte einige der Initiatoren zur Aussprache ein. Der Fraktionsvorsitzende im nordrhein-westfälischen Landtag, Karl-Josef Laumann, soll bei der Landesvorstandssitzung in Düsseldorf getobt haben. Ob denn keiner mehr das richtige Gespür für die Partei habe, soll er gefragt haben. Laumann ist ein Bauchmensch aus dem Münsterland, wenn einer weiß, wie die Menschen auf dem Land, die immer noch die Machtbasis der Partei sind, ticken, dann er. Doch wer noch? Und vielleicht sind ja auch die Münsterländer nicht mehr ganz so einheitlich zu beurteilen wie früher einmal. In den diversen Ortsvereinen, Kreisvorstandssitzungen, in der Jungen Union – überall wurde diskutiert. Ein klares Bild war nicht mehr zu gewinnen. Schließlich nahm die CDU das Thema mit auf ihren Parteitag, debattierte und stimmte ab. Diesmal gewannen noch die Gegner einer Gleichstellung. Doch die Verteidiger von Ehe und Familie waren nicht mehr allein. Sitzungsleiter Peter Hintze konstatierte eine „beachtliche Zahl" an Stimmen, die sich für die steuerliche Gleichberechtigung aussprachen. So eine offene Debatte über Homosexualität hatte es in der Union vorher noch nicht gegeben. Die Wortmeldungen der Gegenseite waren zahlreich, darunter nicht nur bekennende Homosexuelle wie der aus dem ländlichen Ahaus stammende Abgeordnete Jens Spahn, sondern auch etwa die frühere Landesministerin Christa Thoben, Jahrgang 1941, die mit flammender Rede für die Gleichstellung warb und „mehr Ehrlichkeit" in der Union anmahnte.

Dabei sind die Argumentationsmuster verwirrend geworden. Der CDU-Fraktionsvorsitzende im sächsischen Landtag, der bekennende Konservative Steffen Flath, begründete seine Ablehnung einer Gleichstellung der „Homo-Ehe" mit seinem katholischen Glauben. „Die Ehe ist nach unserem Verständnis ein Sakrament", daraus müsse sich die besondere Schutzwürdigkeit ergeben. Doch auch der Abgeordnete Spahn begründete die Gleichstellung mit der katholischen Soziallehre. Ausgerechnet er sprach von einer „Wertedebatte". Wenn zwei Menschen füreinander Verantwortung übernähmen, sei dies unabhängig von dem Geschlecht achtenswert. Spahn kritisierte scharf den gönnerhaften Gestus, mit dem die Parteiführung „andere Lebensmodelle" bewerte. Dies verbitte er sich. „Ich bin, wie ich bin", so Spahn, der seine eigene Homosexualität öffentlich gemacht hat, sich aber auch zu seinem katholischen Glauben bekennt.

Mit derartigem Selbstbewusstsein hatten Schwule sich noch auf keinem Parteitag der CDU geäußert. Auch der Antrag, bei dieser sensiblen Frage geheim abzustimmen, wurde abgelehnt. Doch einem Redner wurde es mulmig. Ob die Debatte nicht zum „Bruch" führen könne, fragte er. Ein Raunen ging durch den Saal. Der Schlagabtausch war ungewöhnlich, aber gefährlich war er für die CDU nicht mehr. Generalsekretär Hermann

Gröhe baute die Debatte gar in die glanzvolle Selbstdarstellung ein. Die Auseinandersetzung zeige selbstverständlich die Lebendigkeit der Partei. Wie lebendig und wendig die Partei tatsächlich ist, zeigte sich dann wenige Monate später nach dem Urteil des Bundesverfassungsgerichts zum Adoptionsrecht. Mitte Februar 2013 setzte die innerparteiliche Debatte um die Gleichstellung homosexueller Paare – geradezu wie auf Knopfdruck – wieder ein. Überraschenderweise hatten ausgerechnet der Fraktionschef Volker Kauder und der Finanzminister Wolfgang Schäuble, der längst als ein heimlicher Ehrenvorsitzender gilt, nun zunächst für eine Gleichstellung votiert. „Es ist halt nicht mehr alles wie früher", soll Schäuble im Fraktionsvorstand seinen, zum Teil erheblich jüngeren, vermeintlich konservativeren Kollegen entgegnet haben. Doch die Widerstände sind noch groß, auch bei Angela Merkel, sich so schnell über den Parteitagsbeschluss hinwegzusetzen.

Der Antagonismus ist in der CDU tatsächlich ein seit langem eingespieltes Ritual von Reformern und Bewahrern. Nur wurde dies bislang bei diesem Thema noch nicht durchexerziert. Die Debatte um die „Homo-Ehe" greift nicht mehr die Seele der Partei an. Dennoch: die Modernisierung der Partei hat den Beliebigkeitsbazillus mit eingeschleppt. Alles scheint nun möglich in der Union, viele wissen nicht mehr, welche inhaltliche Wendung als nächste kommt. Zur Debatte um die „Homo-Ehe" schreibt Jasper von Altenbockum in der FAZ: Die Union betreibe eine Politik, die „nicht mehr lenkt, sondern nur noch reagiert". Dies sei besonders dramatisch, wenn es um die Keimzelle der Gesellschaft ginge. Das Ergebnis sei eine Politik, „die als Kunst des Unmöglichen eine leere Leinwand hinterlässt." Dennoch ist die Krankheit, an der die CDU leidet, mehr eine gefühlte denn eine reelle. Die CDU war nie eine Programmpartei, der die geschriebenen Grundsätze und Ziele wichtiger gewesen wären als das realpolitische Handeln nach den Gegebenheiten der Aktualität. Sie schätzt die Ergebnisse mehr als die Grundsätze. Auch war die CDU nie Avantgarde. Nicht das Vorpreschen, sondern das Hinterherlaufen hinter gesellschaftlichen Entwicklungen ist ihr gerade zu eingewebt. Renate Köcher vom Institut für Demoskopie Allensbach hat 2010 diese gewisse Gegensätzlichkeit festgestellt. Zum einen haben nur 25 Prozent der Bevölkerung ein „klares Bild" von den Zielen der CDU/CSU. Ein „weniger klares Bild" haben 57 Prozent. Bei den Anhängern ist es nur geringfügig besser. (Noch schlechter ist es bei der SPD.) Zugleich scheinen aber die Befragten dies nicht sonderlich stark zu beklagen, denn sie geben dennoch an, mehrheitlich Union zu wählen.

Ein pragmatischer Politikstil scheint beliebt zu sein. Mehr noch: Bei allen Parteien wird Nüchternheit gegenüber Ideologie bevorzugt. „Die Gesellschaft drängt heute mehr auf Effizienz als auf klare weltanschauliche Positionierung", schreibt Köcher. Das bedeutet, das Defizit einer programmatischen Deutlichkeit scheint nicht per se ein Problem zu sein – möglicherweise eher das Erfolgsgeheimnis. Der „pragmatische Zugriff" sei den Wählern mehrheitlich entgegengekommen, schreibt der Politologe Franz Walter. „Es ist diese nüchterne, illusionslose Anthropologie der CDU, die der Partei in Konkurrenz mit den Sozialdemokraten viele Jahre den Vorteil brachte." Anders als die Anhänger und Wähler scheinen es allenfalls die langjährigen Parteimitglieder zu sein, die unter dem Beliebigkeitsbazillus leiden.

Die schnelle Energiewende der Kanzlerin hat manchen an der Basis geärgert und auch wütend gemacht, doch selbst beim einflussreichen Mittelstand hört man in den Hinterzimmern: Wenn sie gut ausgeht, die Energiewende, dann gefällt es auch allen, dann werden alle dafür gewesen sein. Anders bei der SPD, die liebt die Agenda 2010 noch immer nicht, obwohl sie ein Erfolg war, weil sie eben an den heiligen Grundsätzen vorbeizugehen schien. Und doch nagt der angebliche Beliebigkeitsbazillus an der Seele der CDU. Das Gefühl, dass alles zusammengehört und -passt, schwindet mächtig. Die CDU muss sich für die neue Offenheit so etwas zulegen wie eine Profilbildung und gleichzeitig „Vielfaltmanagement" betreiben, wie es Walter nennt. Sie muss umgehen lernen mit einer neuen inhaltlichen Breite, die noch kein einigendes Band, noch keine symbolische Verknüpfung hat. „Vielfaltmanagement" bedeutet auch mit einem viel volatileren Wählerpotential umzugehen, das sich fern der alten Milieus, vielleicht entlang neuer gesellschaftlicher Großgruppen, aber eigentlich doch von überall rekrutieren lässt.

Angela Merkel formulierte in ihrem Brief von 1999 einen weiteren wichtigen Satz, der ihr heute noch immer nachhängt, den sie sich sozusagen selbst als Merksatz aufgeschrieben hat: „Die Partei hat eine Seele". Sie bezieht es auf den Umgang mit Helmut Kohl und seinem Erbe, das eben auch emotional bestimmt sei. „Deshalb kann es für uns nicht die Alternative ‚Fehler aufklären' oder ‚das Erbe bewahren' geben." Wenn es um das Bild Helmut Kohls, um seine Leistungen und um die CDU gehe, gehöre beides zusammen. Doch die Frage nach der „Seele der Partei" stellt sich immer wieder. Die Antwort von

Merkel 1999 lautet: „Wenn wir diesen Prozess annehmen, wird unsere Partei sich verändert haben, aber sie wird in ihrem Kern noch dieselbe bleiben – mit großartigen Grundwerten, mit selbstbewussten Mitgliedern, mit einer stolzen Tradition, mit einer Mischung aus Bewahrenswertem und neuen Erfahrungen (...) – und mit einem Entwurf für die Zukunft." Das war ihre Hoffnung. Wie ist es um diesen Prozess in der Merkel-CDU von heute bestellt?

Nicht Partei, sondern Union

Ein kurzer vergleichender Blick auf die SPD zeigt, wie verschieden die großen Volksparteien funktionieren. Nicht nur historisch gesehen ist die Sozialdemokratische Partei, die gerade jetzt 150 Jahre alt wird, viel ausgeprägter als die CDU immer noch Programmpartei, eine auf Inhalten und auch Ideen bis hin zu Ideologien sich stützende Organisation. Strukturen und Mutgliedschaft sind in der Sozialdemokratie von zentraler Bedeutung, diese grundsätzlichen Unterschiede zwischen Union und SPD bestehen fort, auch wenn die Partei Willy Brandts nach der Regierungszeit von Gerhard Schröder einen massiven Mitgliederschwund erleiden musste – und nun, was die Zahl der Beitrag zahlenden Anhänger angeht, in etwa mit der Union gleichgezogen hat. Im Vergleich zu den kleineren Parteien ist der Unterschied der Baupläne noch gravierender. Zu den Grünen etwa, die stark von einem thematischen Block und einer gewissen kulturellen Subkultur geprägt sind – ähnlich allenfalls in jüngster Zeit die Piraten.

Die Union ist nach dem Krieg als sogenannte Sammlungsbewegung entstanden, sie hat „bürgerliche" Kräfte ganz unterschiedlicher Herkunft, Gesinnung und Motivation aufgelesen und vereint. „Union" ist eben nicht „Partei". Der Politologe Josef Schmid beschreibt das in einem

Aufsatz in den „Frankfurter Heften" bündig: „Sie versteht sich als Union, die allen Platz bietet, und weniger als Teil, wie es der Herkunft des Wortes Partei (Pars = Teil) entspräche". Die CDU ist nicht als Kampfgemeinschaft Gleicher, sondern als Verbindung Unterschiedlicher zum gemeinsamen Handeln entstanden. Katholische Rheinländer gehörten ebenso dazu wie protestantische Norddeutsche, der Handwerksmeister von der Schwäbischen Alb sowie der Großindustrielle aus dem Ruhrgebiet, Bergarbeiter wie Selbstständige, Stadtbevölkerung wie Landbewohner. Das Christliche war verbindend, doch wurde darunter schon in den ersten Jahren nach dem Krieg sehr Unterschiedliches verstanden. Die Aufbruchsmetaphorik war in Gründungsaufrufen vorherrschend, keineswegs nur ein restaurativer oder bewahrender Geist eines bürgerlichen Konservativismus allein tonangebend. Hinzu kommt die regional sehr unterschiedlich sich ausbildende Charakteristik des Christdemokratischen. Die Union ist auch als Verbund von starken Landesverbänden gewachsen, deren Unterschiede und Eigenheiten bis heute bemerkbar sind. Schließlich sind bestimmte Milieus, vor allem die katholischen, das Mistbeet der Partei gewesen. Mit deren Schrumpfung gehen auch die Probleme der Partei einher.

Von größter Bedeutung ist bei der Beschreibung der Bandbreite auch das Ahlener Programm von 1947, das bezeichnenderweise in den Räumen eines bischöflichen Gymnasiums im katholischen Westfalen verabschiedet wurde. Es sieht eine Überwindung des kapitalistischen Wirtschaftssystems vor und eine Verstaatlichung von Schlüsselindustrien – und klingt auch aus heutiger Sicht „links". Der Begriff eines „Christlichen Sozialismus" ist dabei das Reizwort, das aber nicht so stark ausbuchstabiert wurde. Das Ahlener Programm ist noch immer der historische Ankerpunkt für diejenigen, die den Gedanken der sozialen Gerechtigkeit in der CDU hochhalten. Dass dies aber nicht die einzige bestimmende inhaltliche Maßgabe der neuen CDU wurde, dafür sorgte in den ersten Jahrzehnten unter anderem auch die prägende Gestalt Konrad Adenauers.

Das Ausbalancieren der drei immer wieder beschworenen „Wurzeln" – das Soziale, das Konservative und das Liberale – gehört zum Gründungsimpuls der CDU. Die Vereinigung des widerstreitenden Bürgertums trotz aller Gegensätze ist die Lehre aus der Weimarer Republik und dem Zivilisationsbruch des Dritten Reiches und tief im genetischen Code der Partei eingeschrieben. Der Politologe Herfried Münkler nennt diese Balance zwischen Traditionalisten und Modernisierern das „Erfolgsrezept" der CDU. Insofern sollte die Partei eigentlich gerade nicht am Ausgleichsuchen und einem verschwommenen Profil leiden. Dieses Ausgleichen des bürgerlichen Spektrums ist ihr historischer Wesenszug. Der Politologe Udo Zolleis spricht vom „Mediationsprinzip", welches die CDU weiter verbessern müsse, um die Interessen der Wählerschaft aufzugreifen und „nach bestimmten Prinzipien auszugleichen". Er nennt es einen „Politikformulierungsprozess", der neben der Personalrekrutierung eine wichtige „Integrationsklammer" darstelle. In der Devotionalienhandlung der CDU-Bundesgeschäftsstelle gibt es dafür ein passendes Werbegeschenk. Neben Kugelschreibern, Einkaufs-Chips und Luftballons bietet der Partei-Shop auch ein Näh-Set mit dem CDU-Logo an. „Wir halten zusammen", lautet die Beschwörungsformel auf der Handarbeitsausstattung. Bunte Fäden und eine lange Nadel – das ist CDU, das verschenkt keine andere Partei an ihren Marktplatzständen.

In diesem Sinne könnte die Klage über den angeblichen Beliebigkeitsbazillus nur das normale Ach und Weh des Parteibetriebs sein, ein Phantomschmerz. Zusammenhalt ist alles – oder ist das Ausgleichen zu weit gegangen? Der Parteienforscher Franz Walter sieht in der Fixierung auf die Mitte die Gefahr der Paralyse. Doch in der Merkel-CDU sorgt ja gerade die programmatische Beweglichkeit für Verwirrung. Das wird noch zu erörtern sein. Die SPD, um sie als Antipoden noch mal zu nennen, hingegen ist von ihrem Gründungsmythos her gesehen eine Aufstands- und Revolutionspartei. Wer Kritik an den bestehenden Verhältnissen übt, muss Zuspitzung als Grundeigenschaft verinnerlichen. SPD-Mitglieder verzeihen die Provokation eher als die Langeweile. Bei der CDU ist es umgekehrt. Auch so ließe sich die Zustimmung an der Basis für Angela Merkel deuten.

Die CDU hat sich nur langsam zur Programmpartei entwickelt. Das erste Grundsatzprogramm, das auch so hieß und eine besondere Wirkung entfaltete, wurde 1978 in Ludwigshafen verabschiedet (1968 wurde mit dem Berliner Programm ein Vorläufer formuliert). Zuvor gab es Leitsätze oder Wahlprogramme. Doch vom Selbstverständnis der CDU war das Programmatische noch weit weg. Erst Generalsekretär Peter Hintze postulierte Anfang der 90er Jahre die CDU als Programmpartei. Diese nachholende Programmarbeit hatte etwas Kontingentes, Zufälliges, bisweilen Überflüssiges, entsprach aber einer gewissen Sehnsucht: Endlich Partei sein, nicht nur „Union". Das „U" im Namen ist ähnlich wie das „C" anstrengend, aber eben auch ein Alleinstellungsmerkmal. Und obwohl heute im politischen Alltag davon kaum die Rede ist, der Unions-Gedanke ist immer noch wichtig und erklärt die Klagen über fehlende Zuspitzung und Profilbildung, die eine „Partei" besser kann als eine ausgleichende Sammlungsbewegung.

In den 70er Jahren war dieser Antagonismus zwischen Wollen und Sein personifiziert in dem neuen, jungen dynamischen Parteivorsitzenden, dem katholischen Gemütsmenschen Helmut Kohl, und dem feinsinnigen Quereinsteiger, dem adeligen Intellektuellen und protestantischen Pflichtmenschen Richard von Weizsäcker. Von Weizsäcker leitete die Programmkommission, Kohl hatte ihn beauftragt. Am Ende war Kohl Kanzler, von Weizsäcker Präsident und das Grundsatzprogramm mehr oder weniger unwichtig. Zumal der Entwurf von Weizsäckers durch die Kohl'sche Ausgleichs- und Machtgewinnungs-Redaktion musste. Der Weizsäcker-Entwurf lohnt noch immer die Lektüre und erweist sich als überraschend zeitlos. Manches gilt noch immer, 40 Jahre später. Da ist zum Beispiel von „Wahlfreiheit" für Frauen die Rede, die Beruf und Familie verbinden wollen. Da wird von Partnerschaftlichkeit in der Ehe gesprochen und zugleich eine gleichmacherische Emanzipation kritisiert. Thesen, mit der die jugendliche Bundesfamilienministerin Kristina Schröder noch 2012 für gewisses Aufsehen sorgen konnte.

Doch so modern wie das Programm konnte und wollte die Kohl'sche Politik zunächst nicht sein. Die CDU-Realität war zu vielschichtig, als dass solche akademischen Programmideen eins-zu-eins in praktische Politik hätten umgesetzt werden können – oder sollen. Und doch hat Kohl gerade in der Familienpolitik den konservativen Flügel immer wieder provoziert. Nachzuvollziehen ist das an seinen Kabinetts-Berufungen.

Nicht nur Heiner Geißler und Rita Süßmuth waren bestimmten Parteikreisen ein Ärgernis. Auch die unscheinbar anmutende Familienministerin Ursula Lehr sorgte noch Ende der 1980er-Jahre für Aufregung, als sie über die Berufstätigkeit von Müttern sprach. Helmut Kohl hat die Partei modernisiert, auch wenn er heute konservativen Verklärungen dient. Er hat mit der proklamierten „geistig-moralischen" Wende seiner Regierungszeit einen Überbau geben wollen. Doch seine Politik war sicher vor allem problem- und aktualitätsgetrieben.

Mit brüchiger Stimme und verzerrten greisenhaften Gesichtszügen, im Rollstuhl sitzend, sprach der frühere Bundeskanzler Helmut Kohl am 27. September 2012 im ehrwürdigen und historiengetränkten Schlüterhof des Berliner Marstalls, des ältesten Gebäudes am Boulevard „Unter den Linden". Die so vertraute Färbung von Kohls Stimme, mit der er die Politik ein halbes Jahrhundert lang geprägt hat, ist immer noch vernehmbar. Geschichte live im Deutschen Historischen Museum. Kohl spielte sein eigenes Denkmal. Anlass der Festveranstaltung war der 30. Jahrestag seiner Kanzlerwahl am 1. Oktober 1982. Ein Familientreffen von alter und neuer CDU. Die Kanzlerin sprach, der ehemalige Kronprinz und Kurzzeit-Vorsitzende Wolfgang Schäuble saß in maximalem Abstand zu Kohl am Rand der ersten Reihe – die verfeindeten Geschwister einer bedeutenden Großfamilie beim Festbankett. Per Videoschaltung wurden die Weltenlenker der Kohl-Ära zugeschaltet: US-Präsident George Bush senior an erster Stelle. Kohls Mainzer Heimatbischof Kardinal Karl Lehmann konnte zwar nicht kommen und selbst sprechen, ließ aber eine für ihn typische umfängliche Rede vorlesen.

Lehmann würdigte nicht den Kanzler der Einheit, nicht den Ehrenbürger Europas, er rückte den Kanzler der „Wende" 1982 in den Mittelpunkt, jenen Kanzler, der nach der gesellschaftspolitischen Aufbruchszeit der 1970er-Jahre, nach einem sozialdemokratisch regierten Jahrzehnt, die Regierungsgewalt dem bürgerlichen Lager zurückgeholt hatte. Die meisten Festgäste langweilten die akademischen Ausführungen des Kirchenmannes. Helmut Kohl aber haben sie offenbar gefallen. Der Historiker schätzt noch immer den Blick auf größere Zusammenhänge. Lehmann begreift die dereinst von Kohl postulierte „geistig-moralische" Wende nicht als die Hohlformel, als die sie später verspottet wurde, sondern als Folge der sogenannten „Grundwerte-Debatte" der 1970er-Jahre – um zugleich zu betonen, wie „pragmatisch" Kohl eben diese Überbau-Debatte einsetzte. Lehmann beschreibt 1982 als den Startpunkt des Übergangs von der Nachkriegsgeschichte in eine Art vorläufige Normalität der alten Bundesrepublik: „Die Integrationsfaktoren der CDU lagen nach dem Krieg in der Ablehnung des Nazi-Systems, in einer betriebsamen Aufbaugeschäftigkeit, in einer Art Restaurierung der gekannten gesellschaftlichen Normalvollzüge, dazu gehörte Kirche und Glaubenspraxis, und insgesamt half die „einheitsstiftende Persönlichkeit Konrad Adenauers". Eine „vertiefende und explikative Interpretation der ‚Grundwerte'" schienen in den ersten Nachkriegsjahrzehnten eher entbehrlich, so Lehmann. Die Veränderungen in Folge der 68er-Bewegung und der SPD-Kanzlerschaft mussten aber für die CDU bewältigt und interpretiert werden. Dies vollzog sich in einer Art Modernisierung der Umgangs- und Politikformen, mit Programmdebatte und Grundwertediskurs und auf der inhaltlichen Ebene mit dem begrifflichen Spiel der „geistigen Erneuerung" oder „Wende". Dass daraus weder Einheitliches oder eindeutig Programmatisches wurde, noch in der Summe Verbindendes gemeint war, trat nicht oder nur vage zutage. Klar war, dass es bei der Wende-Begrifflichkeit um eine Integrationsformel gehen sollte. Im konservativen Spektrum ließ sich das interpretieren als eine Art „zurück" zu den Wertvorstellungen der 1950er- und 1960er-Jahre. Von den Progressiven hingegen wurde es verstanden als eine Art christdemokratische Adaption des gesellschaftlichen Wandels. So hatte Kohl die für die CDU notwendige Moderation des bürgerlichen Lagers angelegt und gemeistert.

Lehmann verweist selbst darauf, dass im Regierungsalltag des neuen Bundeskanzlers dann von der „Wende" nicht mehr so viel zu hören bzw. zu sehen war. Immerhin habe der Kanzler das Gespräch etwa mit den Kirchen gesucht und grundsätzliche Fragen weiter geschätzt. Doch Bischöfen geht es nicht nur ums Große und Ganze. Kardinal Joseph Höffner, damals Vorsitzender der Bischofskonferenz, schreibt ins Protokoll eines Gesprächs mit Kohl: „Konkret wurden die Krankenhausfinanzierung, die Verbreitung von Videokassetten und die Ausländerfrage genannt. Darüber hinaus konnten von unserer Seite der Lebensschutz, die Familienpolitik und auch die Entwicklung der neuen Medien nicht unerwähnt gelassen werden." Auch Höffner, der große Denker der katholischen Soziallehre, der einzige lebende Deutsche, der vierfach promoviert worden ist, blieb bisweilen bei der Übersetzung des katholischen Wertekanons in die praktische Politik im sehr zeitgebundenen Kleinklein hängen.

Es bleibt dabei, die CDU ist fürs Konkrete zuständig und balanciert die unterschiedlichen Lager innerhalb ih-

res Spektrums aus. Keinesfalls war aber nach der Rück-
eroberung der Macht von Kohl ein katholisches „Roll-
back" intendiert oder eine konservative Rückwärtsbewe-
gung. So wie Merkel hat auch Kohl nicht etwa die
umstrittenen gesellschaftspolitischen Entscheidungen
der vorausgegangenen SPD-geführten Regierungen zu-
rückgedreht. Die Rede von den Grundwerten und vom
Christlichen sind das Bindemittel der Partei, ein reiches
Begründungsreservoir, aber nicht strenge handlungslei-
tende Vorgabe.

Ein Beispiel für Pragmatismus ist der Umgang mit der
Ostpolitik Willy Brandts. Innerhalb der CDU-Bundes-
tagsfraktion gab es die sogenannte „Stahlhelmfraktion",
die zusammen mit der Gruppe der Vertriebenen bzw.
Vertriebenenfunktionäre die endgültige Oder-Neiße-
Grenze ablehnten. Zugleich war die Ablehnung des so-
zialistisch-diktatorischen deutschen Zweitstaates DDR
festgeschriebene Position der CDU. Der „Wandel durch
Annäherung", den Brandt sowohl mit Moskau und War-
schau als auch mit Ostberlin vollzog, wurde zuerst konsequent abgelehnt. Doch begann sich in den 1970er-Jah-
ren auch in der CDU der Gedanke von Aussöhnung und
Annäherung zu verbreiten. Ausgerechnet der neue niedersächsische CDU-Ministerpräsident Ernst Albrecht
etwa half 1976 im Bundesrat gegen die Mehrheitsmeinung der Partei eine Zustimmung für die von der SPD-
FDP-Bundesregierung verhandelten „Polenverträge" zu
organisieren. Dies ist umso erstaunlicher, als die niedersächsische CDU den Konflikt zwischen eher national-
konservativen Gruppen, die unter anderem aus der
Tradition der Deutschen Partei (DP – die bis 1959 im
Landtag vertreten war und dann mit der CDU fusio-

nierte – stammten, und dem sozial-katholischen Flügel der etwa im Emsland beheimateten CDU, in sich auszuhalten hatte. Kohl hat die Brandt'sche Ostpolitik schließlich adaptiert, in einer selbstverständlichen und geräuschlosen Art, die viel über den pragmatischen Charakter der CDU erzählt. Das vielleicht ist der Markenkern der CDU, dass sie sich sozusagen oft – nicht immer – den Stimmungen der Menschen anschließen will.

Möglicherweise ist die Energiewende unter Merkel mit der Kehrtwende in der Ostpolitik vergleichbar. Eine scheinbar zum unveräußerlichen Programmschatz der Union gehörende Position wird kaltschnäuzig geschliffen, das Getöse ist groß, aber die gefühlte Zustimmung in der Breite von Partei und Gesellschaft ist größer. Es ist ein immer wiederkehrender neuralgischer Punkt in der Debatte um den Charakter der Partei. Folgt die CDU nur der Mehrheitsmeinung, hängt sie ihr Fähnchen in den Wind und hat gar keine „eigenen" Überzeugungen? Die inhaltliche Positionierung kann sich für die Kanzlermaschine gar nicht außerhalb von dem Wissen um Stimmungen und Mehrheiten bewegen. Die den Parteien durch das Grundgesetz zugeordnete Mitwirkung an der „Willensbildung" bedeutet für die CDU in besonderem Maße, das Verhältnis von Position, Machbarkeit und Durchsetzbarkeit zu bestimmen und zu finden.

Die großen Positionierungen fanden und finden in der Union nicht im Diskurs statt, sondern im politischen Handeln. Von Helmut Kohl ist bekannt, dass er zur Zeit der Friedensdemonstrationen und dem Konflikt um die Nachrüstung, dem Nato-Doppelbeschluss und die Stationierung der amerikanischen Atomraketen ins Nachdenken kam. Er habe sich, wie er berichtet, mit dem Hubschrauber inkognito über den Bonner Hofgarten fliegen lassen, um das Ausmaß der Demonstrationen, die den Bonner Regierungsbetrieb lahmzulegen drohten, selbst in Augenschein zunehmen. Er hat den gesellschaftlichen Konflikt – mit Abstand – beobachtet. Die direkte Konfrontation, der große Schlagabtausch passten nicht zu ihm. Er konnte sich trotz des Gegenwinds seiner Anhänger sicher sein. Dies folgte aus inhaltlichen Überzeugungen, aber auch aus einer Prägekraft seiner Person heraus und aus einer für die CDU entscheidenden normativen Kraft des Regierungshandelns.

Dies gilt auch für Kohls (wie Merkels) Europa-Politik oder für die der Union so wichtige Deutschlandfrage Ende der 1980er-Jahre. Kohls Handeln bestimmte das Profil weit stärker als das festgelegte Programm. So gipfelte die Annäherungspolitik der christlich-liberalen Regierung schließlich darin, dass ausgerechnet der Kanzler und CDU-Vorsitzende den DDR-Diktator Erich Honecker in Bonn mit militärischen Ehren begrüßte – und dennoch wenig später Kanzler der Einheit wurde.

Kohl hat das Ziel der deutschen Einheit in den 1980er-Jahren nicht vergessen, auch gegenüber Honecker hat er es erwähnt. Angela Merkel hat das in ihrer Würdigung im Schlüterhof im September 2012 noch mal herausgestellt: Dass sie als DDR-Bürgerin sich darüber gefreut habe, dass Kohl 1987 gegenüber dem verhassten SED-Chef und Staatsratsvorsitzenden die bösen Worte von der Einheit habe fallen gelassen. Und dennoch hat weder Merkel im Osten noch Kohl im Westen zu diesem Zeitpunkt damit gerechnet, dass dieses hehre Ziel in absehbarer Zeit erreicht würde. Wandel durch Annäherung hat auch Kohl praktiziert, gewiss ohne die anbiedernde Rhetorik eines Oskar Lafontaine gegenüber Honecker, aber eben doch pragmatisch genug, dass es dem Grundgefühl der Menschen entsprach und den Propheten der reinen deutschlandpolitischen Lehre missfiel. Etwa Jürgen Todenhöfer, damals Bundestags-abgeordneter und der „Stahlhelmfraktion" zugeordnet, der das Ziel der Wiedervereinigung immer hoch hielt, auch als 1987 es explizit aus dem Parteiprogramm flie-gen sollte.

Mit dem Mauerfall und der Wiedervereinigung konnte die CDU – ganz pragmatisch – wieder die Deutschlandpartei werden; und das mit entsprechenden Wahlerfolgen nicht nur bei den Bundestagswahlen, son-dern auch in den Landesparlamenten der neuen Bundes-länder belegen. Dabei war weder der ideologische Über-bau noch ein übermäßiges nationales Pathos ausschlaggebend, sondern der wirtschaftliche Erfolg (oder die Hoffnung darauf), der erreichbare Wohlstand und die Abwesenheit von politischer Ideologie. Die von den Bürgerrechtlern proklamierte Idee des „dritten We-ges", die auch von prominenter westdeutscher Seite un-terstützt wurde und bis in die CDU hinein in den 1970er- und 1980er-Jahren Sympathisanten fand, bekam gerade deswegen keine Mehrheit, weil sie erneut auf eine Art politisches Menschenexperiment hinauslief. Die Zustimmung zur CDU lag in ihrem Pragmatismus begründet, sie verkündete kein „Projekt", etwa ein natio-nales. Sie hat viel mehr mit einem „weiter so" den Nerv getroffen. Dass es dann eben auch keine „Blut-Schweiß-und-Tränen-Rede" des Kanzlers zur Deutschen Einheit gab, sondern das welthistorische Projekt nahezu neben-bei in sechs Monaten erledigt und vermeintlich aus der „Portokasse" bezahlt werden sollte, war möglicherweise inhaltlich falsch, aber entsprach der Stimmung in Ost und West. Das Große bescheiden durchführen, es mit dem Pathos nicht zu weit zu treiben, das ist ein Bedürfnis, das sich in Deutschland eingebrannt hat. Auch deswegen hat Kohl, neben anderen Erwägungen, den Beitritt der DDR ohne Neugründung des Staates, ohne neue Verfassung vollzogen. Deutschland wurde ein souveräner Staat auf dem Wege von ein paar Verträgen und Verwaltungsakten. Zugleich wirkte der als historischer Sieg empfundene Untergang des Ostblocks und die nationale Einheit für die Unions-Anhänger als Jungbrunnen, die CDU und ihre Jugendorganisation erlebte einen Mitgliederzustrom. Wegen Kohl und der Einheit traten viele der Partei bei. Die Junge Union begann sich in dieser Zeit zum Kohl-Fan-Block zu entwickeln. In einer fehlgeleiteten Verklärung Kohls ist die Jugendorganisation so heute zur (vermeintlich) konservativen Vorkämpferin der Partei geworden. In den 1970er- und 1980er-Jahren galt die Jugendorganisation dagegen als die liberaler Pioniertrupp.

Eine der schwierigsten und auch ideologisch aufgeladensten Debatten der Bonner Republik war der Streit um den Paragrafen 218. Doch auch diese Auseinandersetzung kann als Beleg dafür herangezogen werden, wie pragmatisch Kohl seine Partei führte, bei der die kirchenamtliche katholische Position zwar lange als Selbstverständnis oder zumindest als Aushängeschild diente, aber sich eben doch nicht durchsetzte. Mehr noch: Das Resultat des langjährigen Hin und Her befriedete zwar eine gesellschaftliche Debatte, erzeugte aber einen Riss im katholisch-politischen Milieu, welches die Partei lange getragen hat. Ausgangspunkt war der Regelungsbedarf nach der Deutschen Einheit. Eine persönliche Auseinandersetzung zwischen Kohl und Lothar de Maizière, dem ersten freigewählten Ministerpräsidenten der DDR und zugleich dem letzten, ging dem voraus.

Der manchmal als „Anschluss" gescholtene Beitritt des ostdeutschen Staates zur Bundesrepublik wurde durch den Einigungsvertrag vollzogen. Dieser wurde im Wesentlichen von den beiden Protestanten Wolfgang Schäuble und de Maizière verhandelt. In der DDR galt bei der Abtreibung die Fristenregelung, die Kohl am liebsten als vermeintliches Relikt sozialistischer Menschenverachtung abgeschafft hätte. Das lehnte de Maizière ab. Der feinsinnige Jurist hat den in großen Linien denkenden Kohl, der mit raumfüllenden Auftritten auch die politische Macht zu repräsentieren pflegte, mit Nadelstichen zur Weißglut gebracht. Solange uneheliche Kinder in Westdeutschland rechtlich noch nicht mal den ehelichen gleichgestellt seien, könne er, de Maizière, sich nicht in den weitreichenderen Schutz des ungeborenen Lebens hineindenken. Schließlich wurde die Frage ausgespart und einem gesamtdeutschen Parlament zur Entscheidung in die Wiege gelegt. De Maizières Selbstbewusstsein stützte sich nicht allein auf das Ministerpräsidentenamt. Er wollte auch eine verschüttete liberale Tradition der ostdeutschen CDU einbringen, ein Teil der Geschichte der Partei, der durch die Vereinnahmung durch die SED in den Blockparteien in Vergessenheit geraten war. Die CDU in der sowjetischen Besatzungszone war von Jakob Kaiser und anderen auch in Berlin nach dem Krieg gegründet worden, mit einer deutlich sozialpolitischeren Ausrichtung.

In der Bundesrepublik galt eine Indikationslösung, die das Ergebnis eines Kompromisses der 1970er-Jahre –

der Zeit der sozial-liberalen Koalition – war. Kohl hatte diese Frage in den Jahren seiner Regierungszeit nicht angetastet. Obwohl von der einen Seite die katholische Kirche und konservative Teile seiner Partei drängten, dem Lebensschutz stärker Geltung zu verschaffen. Und auf der anderen Seite gab es Kräfte, die in der geltenden Regelung noch zu viel Strenge am Werk sahen. In der parlamentarischen Auseinandersetzung um die Neufassung in den 1990er-Jahren wurde dies nun offenbar. Während die SPD für eine Fristenlösung optierte, zersplitterte sich die CDU in dieser Frage. Eine Mehrheit sah schließlich in der beabsichtigten Neuregelung des Paragrafen 218 die Chance, nicht etwa die liberale DDR-Regelung zu adaptieren, sondern im Gegenteil die geltende Indikationsregelung zu verschärfen. Kernpunkt dabei war, dass nicht der Frau die Entscheidung obliegen sollte, ob eine Abtreibung straffrei vorgenommen werden könnte, sondern dem Arzt. Prominente CDU-Politiker wie Rita Süßmuth liefen gegen ein solches Ansinnen Sturm. Sie hatte bereits 1990 einen weitergehenden Kompromiss zwischen Fristenlösung und Indikationsregelung vorgeschlagen. Innerhalb der CDU-Fraktion im Bundestag galt aber schon die Vorlage mit der Arztentscheidung als Konsenslösung, die abwich von einer noch strengeren katholisch-kirchlichen Vorstellung. Am 25. Juni schließlich scheiterte die Union mit ihrem Modell, weil 32 Abgeordnete aus den eigenen Reihen für die von der SPD vorgelegte Fristenregelung stimmten. Auch der Koalitionspartner FDP hatte Kohl die Gefolgschaft verweigert. Das erste Mal seit zehn Jahren, schrieb der „Spiegel" damals, erlitt der CDU-Bundeskanzler eine Abstimmungsniederlage im Bundestag. Doch die Niederlage kam ihm gelegen. Sie diente nämlich dem großen

Ausgleichsprogramm der CDU. Kohl konnte die katholische Kirche sowie konservative Lebensschützer in seinen Reihen beschwichtigen – er hatte nicht nachgegeben. Der Unions-Entwurf hätte eine Verschärfung zum bestehenden Recht dargestellt. Zugleich war klar, dass er keine Mehrheit bekommen würde. Zwar hat die Fraktion unter Führung von Wolfgang Schäuble die Abstimmung nicht frei gestellt, dennoch lag auf der Hand, dass Süßmuth und andere mit der Opposition stimmen würden. Und Kohl wusste, dass die Mehrheitsverhältnisse in der Fraktion keineswegs die in der Partei widerspiegelten. In den Landesverbänden gab es prominente Stimmen für ein liberales Abtreibungsrecht.

Angela Merkel war übrigens zu dem Zeitpunkt Frauenministerin und versuchte in der Debatte eine vermittelnde Position einzunehmen. Später berichtet sie von einem starken „Druck von allen Seiten". Sie sei erschrocken gewesen, wie verhärtet die Positionen waren. In der Abstimmung enthielt sie sich, im weiteren Procedere lernte sie, dass in dieser Frage wie in kaum einer anderen es darauf ankam, die Lager der CDU beisammenzuhalten. Die CDU klagte gegen die Fristenregelung und bekam in Karlsruhe Recht. Das Bundesverfassungsgericht etablierte dann in seiner Übergangsregelung die Leitplanken einer gesetzlichen Neuregelung. Danach ist Abtreibung weiter ein Unrecht, welches aber unter bestimmten Voraussetzungen (Frist) bzw. Indikationen (medizinisch oder psycho-sozial) und nach einer Pflichtberatung straffrei bleiben kann. Den Kirchen, insbesondere Kardinal Karl Lehmann, dem damaligen Vorsitzenden der Deutschen Bischofskonferenz, wird nachgesagt, am Finden dieses dann in Gesetzesform gegossenen

Kompromisses beteiligt gewesen zu sein. Die Beratung solle dem Schutz des ungeborenen Lebens dienen. An dieser Beratung wollten sich die Kirchen dann wieder beteiligen, um Abtreibungen zu verhindern.

Doch ausgerechnet aus dieser Schwangerschaftskonfliktberatung und dem sogenannten Beratungsschein, der dann die Abtreibung ermöglichte, entzündete sich ein an Heftigkeit kaum zu überbietender Streit zwischen den deutschen Bischöfen und dem Papst. Die Auseinandersetzung gipfelte schließlich in dem von Rom angeordneten Ausstieg der Kirche aus der Beratung und in der Gründung von „Donum Vitae". Der Verein führte die Beratungen im christlich-katholischen Anspruch weiter, jedoch ohne den Segen, ja sogar mit Ablehnung der Kirche. „Donum vitae" wurde gegründet vor allem von engagierten katholischen Laien, die sehr häufig auch CDU-Politikerinnen waren. Auch wenn der Streit um die Schwangerenkonfliktberatung eine kirchliche Angelegenheit war, so ist doch generell eine Wunde zurückgeblieben, die maßgeblich auch die CDU schmerzt. CDU-Politiker wie Barbara Stamm, Hildegard Müller oder Heinz-Wilhelm Brockmann wurden fortan zumindest öffentlich von ihrer eigenen Kirchenleitung geschnitten. Der heute amtierende Vorsitzende des Zentralkomitees der deutschen Katholiken (ZdK), Alois Glück (CSU), beispielsweise, der sich auch für „Donum vitae" engagiert hat, lässt diese Aktivität für sein ZdK-Amt ruhen.

Die Abtreibungsdebatte markiert damit einen folgenschweren Bruch im Verhältnis von Kirche und CDU. Aus einem Miteinander, das zwar auch nicht immer durch Einigkeit gekennzeichnet war, ist mitunter ein offenes Gegeneinander geworden. Letztlich ist es auch die Allianz Kohl-Lehmann, die gescheitert ist. Der Grundsatz der alten CDU besagte in etwa: Die CDU setzt nie die reine Kirchenlinie um, lässt sich auch nichts vorschreiben, aber gemeinsam bemüht man sich um einen Weg, der Schlimmeres verhindert, der in der ganzen CDU vermittelbar ist und für die Kirche erträglich. Nach „Donum vitae" ist alles anders. In den dann kommenden Debatten in ethischen Grenzbereichen etwa um embryonale Stammzellforschung oder die Präimplantationsdiagnostik war klar, dass es keine gemeinsamen Strategien mehr geben würde. Die Kirche war fortan für die reine Lehre zuständig, die Politik für den Kompromiss. Für die CDU ist diese Aufgabenverteilung gewöhnungsbedürftig, mitunter ärgerlich und auf die Dauer möglicherweise gefährlich.

Merkels Modernisierung

Seit 2000 ist Merkel Parteivorsitzende. Im Rückblick verschwinden ihre fünf Jahre als Oppositionsführerin immer mehr in der Bedeutungslosigkeit, während naturgemäß ihre Kanzlerschaft an Dauer und Prägekraft noch zulegt. Dennoch ist der Blick zurück entscheidend. Sie hatte einen programmatischen Neuaufbruch bei ihrer Wahl zur Bundesvorsitzenden im Frühjahr 2000 in Essen versprochen, als viele an eine Übergangszeit unter Merkel dachten. Sie hat sich als Modernisiererin vorgestellt – das war vielleicht im Ton und im Optimismus tatsächlich ein Übergangsphänomen. In Essen formuliert sie ihr Mantra der Erneuerung, indem sie die immerwährende Konservativismus-Debatte in der CDU adaptierte: „Die Wirklichkeit annehmen, fähig zur Erneuerung sein und zugleich Wertvolles bewahren – genau das ist konservativ." In der Rede schwingt eine Begeisterung für die Chancen der Globalisierung, des technischen Fortschritts und der gesellschaftlichen Veränderungen mit. Optimismus statt Angst. Sogar den nicht unumstrittenen rechts-konservativen Partei-Veteranen und ehemaligen baden-württembergischen Ministerpräsidenten Hans Filbinger hat sie damals angesteckt. Auf dem Parteitag gab ausgerechnet er sein schwärmerisches Placet ab. „Liebe Angela Merkel, vielen Dank für

Ihre aufrüttelnden Worte. Wir stehen hinter Ihnen. Wir wollen mit Ihnen diese Zukunft gestalten."

Merkel rief in den ersten Jahren ihres Vorsitzes eine „neue Gründerzeit" aus, glaubte, sie müsse in Aufbruchs- und Reformrhetorik an die Entstehungszeit der CDU anknüpfen. Ein Elan, von dem etwa auch Bayerns Ministerpräsident Edmund Stoiber überrascht und durchaus beeindruckt war. Sie ließ von Roman Herzog in einer entsprechenden Kommission eine Neuordnung des Sozialstaats ausarbeiten. Friedrich Merz, der vermeintlich ewige Widerpart Merkels, der ihr doch eigentlich vom Denken so ähnlich war, zeichnete das berühmte neue Steuerkonzept auf einem Bierdeckel. Merkel ließ die „Neue Soziale Marktwirtschaft" ausrufen, was bei der Union gar nicht so ankam, wie sie erhofft hatte. Der Höhepunkt der Merkel'schen Neuerfindung der CDU war der Leipziger Parteitag 2003, bei dem unter anderem die berühmte Gesundheitsprämie beschlossen wurde, die zu großer Zerrüttung in der Partei geführt hat. Das knappe Argument, der Pförtner zahlt genauso viel für seine Krankenkasse wie der Chef, ließ sich an den christdemokratischen Stammtischen mit Vernunft und langen Reden nur schwer aushebeln. Merkel musste lernen, dass ihre Partei anders funktioniert. Die harte Reformlinie passte nicht zur „konservativen" Gefühlslage sowohl bei Rechten wie Linken in der Partei. Diese Profilierung von oben in der Opposition funktionierte nicht.

Die Wahlniederlage von 2002 mit dem Spitzenkandidaten Stoiber bestärkte Merkel in ihrem Kurs des Neuanfangs. Das Wahljahr 2005 mit einem grandiosen Höhenflug in den Umfragen und einem Absturz bei der Wahl wurde dagegen zum traumatischen Erlebnis. Besonders augenfällig wurde dies in der Nominierung des ehemaligen Verfassungsrichters Paul Kirchhof zum Finanzminister in Merkels Schattenkabinett. Befeuert durch einen entsprechenden Wahlkampf von SPD-Kanzler Schröder, wurde nun gerade der Wechsel zur CDU von vielen Wählern als zu „radikal" empfunden. Das ist eine verblüffende Ironie der Geschichte. Schröder, der die 16-jährige Kohl-Ära mit dem behutsamen Slogan „Wir wollen nicht alles anders, aber vieles besser machen" beendet hatte, galt nun als der Vorsichtigere bei den veränderungsscheuen Deutschen. Merkel wurde dennoch knapp Kanzlerin einer Großen Koalition. Aber die Lehre, die sie daraus zog, war nicht Profilierung, sondern Ausgleich und Mäßigung bei schleichender Veränderung. Das ist die Rückkehr zum eingeübten Erfolgsprogramm der CDU. Und damit wurde Merkel 2009 wiedergewählt. Viele Kritiker von Merkel beschreiben ihren Weg in der CDU gerne als eine Art Erkundungstour. Die in der DDR sozialisierte Merkel, die in die CDU nicht von Kindesbeinen an hineingewachsen ist, habe parallel zu ihrem Aufstieg auch die Partei erst kennenlernen müssen. Daran ist sicher etwas Wahres. Doch wer in diesem Annäherungsprozess wen mehr verändert hat, Merkel die Partei oder die Partei Merkel, das ist schwer zu sagen. Vieles spricht dafür, dass die Partei sich mit Merkel gerade nach der Krise 1999/2000 eine starke Antreiberin – halb bewusst halb unbewusst – gewählt hat. Aus Merkels anfänglichem Reform- und Veränderungsfuror wurde ein andauernder, aber mitunter nicht weniger gravierender Veränderungsprozess.

In der Großen Koalition konnten die Leipziger Beschlüsse nicht umgesetzt werden, was einige in der Union froh machte, andere frustrierte. Seitdem steht das „Fundament" zur Debatte, die „große Erzählung" der Union. Ist es die Erzählung von der Reformpartei, die Erzählung von der Wirtschaftspartei oder gar die von der konservativen Partei? Durch die normative Kraft des Faktischen in der Währungs-, Finanz- und Schuldenkrise sind solche Überlegungen überrollt worden. Während der Großen Koalition begann sich die Debatte ums Profil der CDU ins Emotionale zu verlagern und artikulierte sich mit einer Sehnsucht nach einem unbestimmten „CDU pur". Niederschlag sollte dies in dem 2007 verabschiedeten Grundsatzprogramm finden mit dem Titel „Freiheit und Sicherheit – Grundsätze für Deutschland". Doch die CDU wäre nicht sie selbst, wäre eben in den Folgejahren die Regierungstätigkeit tonangebender geworden als die Parteitagslyrik.

Die schärfste und wohl auch emotionalste Kritikerin der Kanzlerin hat im Sommer 2012 ihre Abrechnung unter dem Titel „Die Patin" veröffentlicht. Die Literaturprofessorin Gertrud Höhler zeichnet darin das Bild einer Parteivorsitzenden und Kanzlerin, deren einziges Ziel der Machterhalt sei. Dazu würde gehören, dass Merkel die CDU ihres Kerns beraube, sie zu einer Art Einheitspartei deformiere und einen „Ausstieg" aus dem „CDU-Wertekodex" organisiere. Der Tobak, den Höhler in ihrer Pfeife raucht, ist so stark, dass die Rezeption des Buches in der Öffentlichkeit fast mehr der Autorin als ihrem Gegenstand galt. Doch Höhler überspitzt und überdreht Gefühlslagen, die in der CDU durchaus vorhanden sind. Es ist das Resultat einer Politik, die sich in rasender Geschwindigkeit in den vergangenen Jahren an Themen abgearbeitet hat, bei denen die Positionen der CDU in Stein gemeißelt schienen. Nun wird in Teilen der Partei der Einfachheit halber dieser Veränderungsprozess und die Katerstimmung danach allein der Kanzlerin in die Schuhe geschoben. Höhler stilisiert dies dann zu einer Wertefrage. Auf der einen Seite die gewissenlose „Patin" mit Hang zu antidemokratischen, autoritären und gar sozialistischen Neigungen und auf der anderen Seite die Aufrichtigen, die der alten CDU-Mitglieder im Westen und ihre geprellten Anführer. Höhler schreibt: „Die unerledigte Auseinandersetzung zwischen großen Teilen der CDU und Angela Merkel gilt diesem Utilitarismus, der das gesamte Wertepotential je nach Bedarf wegschwemmt."

Doch ist es wirklich Merkels Beliebigkeit, die eine Gefahr ist, oder ist sie nicht lediglich der Katalysator einer Partei, die schon von je her pluralistisch angelegt war und eine utilitaristische Neigung hat? Mit Angela Merkel sei eine Frage auf die politische Tagesordnung gekommen, schreibt Höhler, „mit der die CDU einstweilen nur intuitiv, nervös und im Kern fassungslos umgeht". Es sei, so die Autorin, „die Frage, ob der Wertekonsens, den alle bürgerlichen Parteien teilen, seine Gültigkeit verliert zugunsten situativer Unberechenbarkeit aller Akteure." Höhler heftet die große Verunsicherung in der Wählerschaft einfach Merkel an. Die Verunsicherung und Unberechenbarkeit der modernen Welt ist aber ein gesellschaftliches Phänomen und nicht durch Merkel ausgelöst oder betrieben oder gar ausgenutzt. Geradezu abstrus wird es, wenn in solchen Analysen die Kohl-CDU als Hort des ewig Wahren, Schönen und Guten gezeichnet wird. Was möglicherweise stimmt, ist, dass das Unbehagen gegenüber großen Veränderungen bei Merkel (und mit ihr bei vielen Ostdeutschen) weitaus geringer ist als bei den etablierten Eliten der alten Bundesrepublik. Doch ob Merkel da für ihre Partei die Lehrerin des Guten oder des Bösen ist, da scheiden sich die Geister. Eine große Mehrheit scheint den apokalyptischen Gedanken Höhlers keine Zustimmung zu geben.

Aus Ausländern werden Migranten

Am 18. Dezember 2006 besuchte Wolfgang Schäuble die Deutsche Oper in Berlin. An dem Abend wurde „Idomeneo" gegeben. Schäuble hatte die Inszenierung bereits einmal gesehen – und sie hatte ihm nicht sonderlich gefallen. Sein erneuter Besuch war ein politischer Akt. Der deutsche Sicherheits-, Verfassungs- und Religionsminister sah die Mozart-Oper unter internationaler Medienbeobachtung zusammen mit Vertretern der muslimischen Gemeinschaft an. Ein symbolisches Bild dafür, wie stark sich die CDU verändert hatte, welch ein anderes Image nun der neue Innenminister Schäuble abgab – vielleicht auch gegenüber seiner ersten Amtszeit in dieser Funktion unter Kohl Anfang der 1990er-Jahre. Das ist nicht zu verstehen ohne den 11. September 2001 und die Folgen, das ist auch nicht zu verstehen ohne die Neuorientierung der CDU in Zuwanderungs- und Integrationsfragen. Das Ende der „Ausländerpolitik" der CDU, der Wandel hin zu einer Integrationspolitik und zu Schäubles Satz im Bundestag, wonach der Islam zu Deutschland gehöre, bündelt sich in diesem Opernbesuch.

Das Singspiel über den kretischen König, der seinen Sohn den Göttern opfern soll, war in der Inszenierung von Regisseur Hans Neuenfels zur Provokation geworden. Am Ende des Stückes zeigt er die abgeschlagenen

Köpfe Buddhas, Mohammeds, Christus' und Poseidons. Daraus wird ein international wahrgenommener Skandal. Die Intendantin der Oper, Kirsten Harms, hatte Warnungen bekommen, islamische Terroristen könnten die Aufführungen gefährden. Im Herbst 2006 nahm sie die Oper vom Spielplan. Das wiederum sorgte für Empörung, die Angst vor gewalttätigen Muslimen greife die Kunstfreiheit und Liberalität Deutschlands an.

In Schloss Charlottenburg tagte am 27. September 2006 erstmals die Deutsche Islamkonferenz. Schäuble hatte sie einberufen. Es war das erste offizielle und öffentliche Gespräch des deutschen Staates mit einer repräsentativen Anzahl von Vertretern der muslimischen Gemeinschaft. Nach einer jahrelangen Debatte um Zuwanderung und die „multi-kulturelle Gesellschaft" während der rot-grünen Regierungszeit hatte nun ein CDU-Innenminister diesen ungewöhnlichen Akzent gesetzt.

Dabei wurde durch den Islam-Dialog erstmals die Integrationspolitik aus einem rein sozialpolitischen Kontext und einem staatsbürgerschaftlichen Kontext herausgelöst. „Der Dialog in der Islamkonferenz dient dazu, dass Muslime verstehen, dass sie in unserem Land willkommen sind." Das sei der einzige Weg, die Radikalisierung der Muslime zu verhindern. Schäuble verband das Zugehen auf die Muslime klar mit dem Gedanken der Gewaltprävention. Doch markiert die Islamkonferenz eben auch den Beginn eines Diskurses in den „C"-Parteien, der die Muslime mehr als Gläubige denn als „Ausländer" wahrnehmen lässt. Damals besuchte der als Hardliner gescholtene bayrische Innenminister Günter Beckstein jede Moschee im Freistaat, zu einem Zeitpunkt als die meisten Bayern gar nicht wussten, in wie vielen Hinterhöfen ihres geliebten Landstrichs sich solche Gotteshäuser befinden.

Die Konferenz, die sich aus Vertretern von Staat und Kommunen sowie aus muslimischen Verbandsvertretern und nicht organisierten Muslimen zusammensetzt, wird in der Folgezeit immer wieder auch darum kreisen, was denn von der muslimischen Gemeinschaft zu verlangen sei und ob der Islam überhaupt demokratiefähig sei. Erst durch die Islamkonferenz ist es zu so etwas wie einer öffentlichen Debatte gekommen. Ziele, wie ein islamischer Religionsunterricht oder die Akzeptanz von Moscheebauten auf der einen Seite, korrelieren mit dem Bedürfnis des deutschen Staates nach einem Ansprechpartner, der religionsverfassungsrechtlich ähnlich wie die Kirchen zu greifen wäre. Die Islamkonferenz hat Impulse gesetzt, auch wenn der Prozess inzwischen stockt und eher auf Länderebene weiterläuft.

Eine konkrete Entscheidung der ersten Plenarrunde war, die Deutsche Oper aufzufordern, das Mozart-Stück wieder auf den Spielplan zu nehmen. Dann wolle man, so war die Verabredung, gemeinsam die „Idomeneo"-Inszenierung besuchen. Nach der Aufführung sei man sogar noch gemeinsam in ein Restaurant gegangen, berichtet Schäuble später. Da haben dann muslimische Verbandsvertreter, aber auch die Islamkritikerin Necla Kelek an einem Tisch gesessen. Bis in die Nacht habe er mit ihr über die Diskursfähigkeit des Islam diskutiert, so Schäuble. Einigkeit habe es vor allem über die Schönheit der Musik Mozarts gegeben.

Als Bundespräsident Christian Wulff bei seiner Ansprache zum Tag der Deutschen Einheit 2011 den Satz formulierte, dass der Islam zu Deutschland gehöre, erntete er Kritik. Schäuble hat einen Prozess angestoßen,

50

der keineswegs abgeschlossen ist. Auch in der CDU nicht. Doch gibt es seit der Islamkonferenz einen neuen Blick auf die Integrationsproblematik und den Islam. Die CDU hat ihre Sprechfähigkeit wiedergefunden. Im Grundsatzprogramm von 1994 kommen der Islam oder Muslime expressis verbis gar nicht vor. Etwas ungelenk wird dort formuliert: „Ausländische Mitbürger bereichern mit ihren Beiträgen unser Leben. Die Gemeinschaft mit Menschen aus anderen Kulturkreisen bringt aber auch Probleme und Ängste mit sich, die zu Fremdenfeindlichkeit und Ausländerhass führen können." Im Grundsatzprogramm „Freiheit und Sicherheit" aus dem Jahr 2007 heißt es dann: „Der politische Islamismus und der terroristische Islamismus, die jeweils ihre radikale Interpretation des Islam über unsere Verfassung stellen, sind eine besondere Gefahr für die Menschen in Deutschland, auch für die verfassungstreue Mehrheit unter den Muslimen." Dort ist dann im Ansatz auch ein positiver Umgang mit der fremden Religion angelegt: „Wir werden den gesellschaftlichen Zusammenhalt aller Demokraten über die Religionsgrenzen hinweg aktiv fördern und zugleich den gewaltbereiten Fundamentalismus konsequent bekämpfen."

Vielleicht ist die Neuorientierung in der „Ausländerfrage" die Mutter aller „Modernisierungen" der Ära Merkel. Gleich nach ihrer Wahl zur Bundesvorsitzenden rief sie eine Kommission unter Führung des Saarländers Peter Müller ins Leben, der ein neues Konzept für eine CDU-Zuwanderungspolitik schreiben sollte. Wie kaum ein anderes Thema war dieses in der Union von inneren Sprachverkrampfungen und Denkbarrieren umstellt und innerparteilich äußerst kontrovers konnotiert. 1999 noch hatte der hessische Ministerpräsident Roland Koch die Landtagswahl unter anderem mit der hoch umstrittenen Kampagne gegen die doppelte Staatsbürgerschaft gewonnen. Dabei wurde ihm der Vorwurf gemacht, Ausländerfeindlichkeit zu schüren. Die rot-grüne Bundesregierung wollte das Staatsbürgerschaftsrecht ändern, Koch bediente die konservativen Sorgen und konnte so die CDU-Klientel mobilisieren. Die CDU befand sich in dem Zwiespalt, einerseits nicht auf die rot-grüne Linie von Multi-Kulti einschwenken zu wollen, andererseits aber nicht in die rechte Ecke gedrängt zu werden. Kochs Wahlkampfstrategie hat auch die CDU innerparteilich polarisiert. Dass ausgerechnet die prominente CDU-Politikerin Rita Süssmuth dann für die rot-grüne Bundesregierung die Zuwanderungskommission leitete, zeigt, wie die Modernisierer in der CDU fürchteten, in der Opposition gegen die innerparteilichen konservativen Profilierer nicht ankommen zu können. Doch dann nutzte Merkel ausgerechnet dieses Thema, um für die von Schäuble und anderen mitgetragene Veränderung der CDU einen sehr vernehmbaren Anfangsakkord zu setzen.

Bei seiner Rede auf dem kleinen Parteitag der CDU am 7. Juni 2001 in Berlin-Köpenick ging Peter Müller auch auf die innerparteilichen Sorgen ein. Gerade dieses Thema werde die CDU zerreißen, sei er gewarnt worden. Die Partei könne hier nicht zu einheitlichen Positionen kommen. Das Konzept, das dann verabschiedet wurde, gleicht die unterschiedlichen Meinungen dadurch aus, dass zwar Zuwanderung als Faktum anerkannt wird, auch die Rede von dem „Zuwanderungsland Deutschland", in der CDU lange ein Tabu, endlich sprechbar wird. Aber zugleich Zuwanderung als etwas beschrieben wird, das sich an deutschen Interessen ausrichten müsse. Zuwanderung wird zu etwas, das gestaltet wird, um etwa dem demografischen Wandel entgegenzutreten. Für Ausländerfeindlichkeit sei in der CDU kein Platz, das war die eine Leitplanke, die Müller setzte. Die andere lautete, die Integrationsfähigkeit der Gesellschaft müsse Maßstab für das Maß an Zuwanderung sein. Das Konzept wurde schließlich von allen akzeptiert. Sogar Brandenburgs Innenminister Jörg Schönbohm gab dem Konzept seinen Segen. Der später immer wieder als Modernisierungs-Kritiker hervorgetretene ehemalige Generalleutnant und zeitweilige Innensenator von Berlin fasste auf dem Kleinen Parteitag die neue Linie der Partei in gutem Oppositionsdeutsch zusammen: „Wir sind ein weltoffenes und tolerantes Land, aber wer zu uns kommt, muss wissen: Er kommt nach Deutschland und nicht ins Multikulti-Phantasialand." Wenige Wochen nach dem Köpenicker Beschluss der CDU schlugen die Flugzeuge ins New Yorker World-Trade-Center ein – und die Welt war eine andere. Für die CDU konnte aus der neu formulierten Haltung eine Auseinandersetzung mit dem islamischen Terrorismus beginnen, die nicht mehr allein den alten Reflexen folgte.

Wie sehr die Frage der Integration und des Zusammenlebens mit Muslimen in Deutschland noch den Nerv der CDU-Basis treffen kann, haben beispielsweise die Auseinandersetzungen um die Moscheebauten in Köln, Duisburg oder Berlin-Heinersdorf gezeigt. Als die Ahmadiyya-Gemeinde Anfang 2006 ankündigt, in Heinersdorf im Berliner Bezirk Pankow eine Moschee bauen zu wollen, haben die Proteste auch die CDU erfasst und zerrüttet. Merkel, gerade Bundeskanzlerin, hatte die Integrationsthematik zur Chefsache gemacht. Die CDU-Politikerin Maria Böhmer wurde Staatsministerin für Integration, Schäuble plante die Islamkonferenz. Der frühere Europapolitiker Armin Laschet war in Düsseldorf erster Integrationsminister einer CDU-geführten Landesregierung unter Jürgen Rüttgers geworden. Er sorgte dafür, dass die neue Integrationspolitik auch einen neuen Stil bekam. Er stellte Mitarbeiterinnen ein, die einen Migrationshintergrund hatten, und lud die Berliner Journalisten zu einer Pressekonferenz in eine türkische Teestube in Kreuzberg ein. Auf Knien hockend erklärte Laschet dann den Medien wie denn die „C"-Partei mit der Integrationspolitik zu punkten gedenke.

Doch auf manche Ortsunion machte die neue Performance keinen Eindruck. In Heinersdorf mobilisierte der CDU-Kreischef René Stadtkewitz seine Mitglieder gegen die Moschee. Und die Atmosphäre in Berlin heizte sich derart auf, dass sogar der CDU-Spitzenkandidat für die Berliner Abgeordnetenhauswahl, Friedbert Pflüger, sich gegen den Moscheebau positionierte. Pflüger bezeichnete die muslimische Gruppierung als „Sekte" und warf ihr Missionierungsabsicht vor. Pflüger war eigentlich geradezu der Inbegriff der Modernisierer in der Union. Er hatte sich früh gegen Kohl gestellt, er sprach sich 1993 gegen die Bundespräsidenten-Kandidatur des sächsischen CDU-Politikers Steffen Heitmann aus, weil dieser als rechts galt. Zudem war er Mitglied der berühmten Pizza-Connection, die sich in Bonn um eine schwarz-grüne Annäherung bemühte. Auch hatte er sich offen gegen die Koch'sche Kampagne im hessischen Landtagswahlkampf gestellt. Nun aber unterstützte Pflüger Stadtkewitz. Pflüger verlor die Wahl und zog sich nach weiteren innerberliner Streitereien 2011 endgültig aus der Politik zurück. Stadtkewitz trat 2009 aus der CDU aus, blieb aber noch bis 2011 Mitglied des Abgeordnetenhauses. Die CDU-Fraktion schloss ihn aus ihren Reihen aus, nachdem er den niederländischen Rechtspopulisten und polemischen Islamkritiker Geert Wilders nach Berlin eingeladen hatte. Inzwischen steht Stadtkewitz der neuen Partei „Die Freiheit" vor und hat keine politische Relevanz mehr.

Auf dem Bundesparteitag der CDU in Hannover im Dezember 2012 wurde erstmals eine CDU-Politikerin mit Migrationshintergrund ins Präsidium der Partei gewählt. Es ist die Berliner Staatssekretärin Emine Demirbüken-Wegner (51). Die türkischstämmige Politikerin ist seit 2004 Mitglied des CDU-Bundesvorstandes. Neben ihr wurden auf dem Parteitag drei weitere Politiker mit Migrationshintergrund in den erweiterten Bundesvorstand gewählt. Neue Mitglieder im Führungsgremium der CDU wurden die ehemalige niedersächsische Sozialministerin Aygül Özkan (41), die nordrhein-westfälische Landtagsabgeordnete Serap Güler (32) sowie der aus Marokko stammende Thüringer Younes Ouaqasse (24). Alle vier neuen Mitglieder in der Parteispitze sind muslimischen Glaubens. Aus dem ideologisierten Thema ist längst eine strategische Frage geworden. Migranten in die CDU einzubinden ist sozusagen Pflichtprogramm der Kanzlermaschine geworden.

Das Betreuungsgeld-Paradox

Die Familienministerin der großen Koalition und jetzige Bundesarbeitsministerin Ursula von der Leyen (CDU) antwortete auf die Frage nach ihrem liebsten politischen Gegner einmal: „Die Plumpen und Lauten" seien ihr die Liebsten, sie würden ihr die Themen in die Öffentlichkeit bringen, für Kontroverse sorgen und damit letztlich ihr helfen. Es war die Zeit, 2006 und 2007, als um das Elterngeld gerungen wurde. Und es lässt sich erahnen, wer gemeint gewesen sein könnte mit ihrer Beschreibung. Der Augsburger Bischof Walter Mixa hatte die in Teilen der katholischen Kirche geäußerte Kritik an der neuen Familienpolitik in ein medienwirksames Bild gefasst. Von der Leyen wolle Mütter zu „Gebärmaschinen" degradieren. Später hat er die Formulierung relativiert, doch der Bischof wurde in der Öffentlichkeit als der grobe Keil gegen die Ministerin wahrgenommen. Und tatsächlich mag die scharfe Zuspitzung in der Debatte der kampfeslustigen Familienministerin genutzt haben. Denn selbst die Kritiker mussten die drastische Ablehnung wiederum abmildern und somit einen Schritt zugehen auf die „Revolution", welche die neue starke Frau der Union angezettelt hatte.

Die neue Familienpolitik der Union, die in der Großen Koalition mit Elterngeld und Krippenausbau etabliert wurde, gilt manchen als Musterbeispiel der angeblichen Sozialdemokratisierung der Union, zumal Ursula von der Leyen bei ihrer Arbeit auf Vorlagen ihrer sozialdemokratischen Vorgängerin zurückgriff. Und in der Tat schien es bisweilen so, als ob die SPD geschlossener hinter der neuen Ministerin stand als ihre eigene Fraktion. Zudem schien die Große Koalition die Radikalität der

Veränderung noch zu beflügeln, im CDU-Wahlprogramm von 2005 hatten die Maßnahmen in dieser Deutlichkeit noch nicht gestanden.

Ursula von der Leyen hatte nichts Geringeres als einen Kulturkampf ausgerufen. Positiv gedeutet hat sie die Familienpolitik als Ur-Domäne der Union zurückerobert: Sie hat die Familie wieder in die Mitte der gesellschaftlichen Auseinandersetzung geholt. Die Frage des „Wie-wir-leben-Wollen" beschäftigte verstärkt wieder den öffentlichen Diskurs. Negativ gesehen hat sie das Bindemittel eines gemeinsam geteilten Familienideals in Frage gestellt. Die Kritik galt einer Umkehr des Prinzips „Privat vor Staat" zugunsten einer Wirtschaftsorientierung, die nicht das Kind in den Mittelpunkt rückt. Die Wahrheit liegt sicher irgendwo dazwischen. Sicher ist aber auch, dass, wie bei allen Veränderungen der Unionslinie unter Merkel, die Anlagen für diese Revolution schon viel früher gelegt waren, nicht aus dem Nichts kamen. In der Kohl-Zeit wurde der Rechtsanspruch auf einen Kindergartenplatz festgeschrieben, Erziehungsurlaub und Erziehungsgeld gewährt – aber alles noch stark ausgerichtet am klassischen Familienbild und an der Sozialpolitik.

Ursula von der Leyen setzt bei der Vereinbarkeit von Beruf und Familie an. Familienpolitik auch als Frauenpolitik. Mit den „Vätermonaten" sollten angestammte Rollen und Rollenbilder infrage gestellt werden. Es geht auch um einen Familienlastenausgleich. Gut verdienende Akademikerinnen sollten profitieren. Kinder schon nach einem Jahr in die „Krippe" zu geben, um nicht so lange in dem Beruf auszusetzen, das ist der Kerngedanke der Elternmonate und des Krippenausbaus. Damit soll Frauen ihr Wunsch nach Arbeit ermöglicht und zugleich ein Ja zum Kind erleichtert werden. Die wirtschaftlichen Argumente dieser Politik sind Demografie und Fachkräftemangel. Von den Kirchen ist dies immer wieder kritisiert worden. Die Familie werde zur ökonomischen Einheit degradiert. In der Union fand auch gerade diese ökonomische Betrachtung Beachtung. Nach dem Motto: Es ist nicht eine reine Sache der Selbstverwirklichung, Frauen den Beruf zu ermöglichen. Viele Familien seien schlicht darauf angewiesen, dass beide Elternteile arbeiten. Zudem sei durch die Zunahme von Scheidungen für den Staat eine wirtschaftliche Unabhängigkeit der Frauen wichtig. Nicht zuletzt mit Blick auf die Altersversorgung und auch mit Blick auf drohende Altersarmut sei es geboten, dass auch Frauen mit Kindern arbeiten.

Doch rührt das Familienthema an die innere Architektur der CDU. Familie als Grundbaustein der Gesellschaft ist im Sinne des Subsidiaritätsprinzips der katholischen Soziallehre der Rückzugspunkt, auf dem das Gemeinwesen gründet und in die der Staat nicht zu viel eingreifen soll – um seiner selbst willen. Die Ideologisierung dieses Themas hat deswegen der CDU in allen ihren Gliederungen und Verästelungen zu schaffen gemacht. Natürlich „glaubte" die CDU insgesamt 2007 nicht mehr an ein allumfassendes normatives Familienbild, wie es in Teilen der katholischen Kirche hochgehalten wurde. Vater arbeitet, Mutter ist zuhause und erzieht die Kinder, das ist die Schablone, an der sich die meisten noch orientierten, die jedoch immer häufiger zerbricht oder ignoriert wird. Doch stand die Frage im Raum, ob es trotz vielfältiger Lebensentwürfe noch so etwas wie ein Ideal geben sollte. Der heutige Essener Bischof Franz-Josef Overbeck forderte damals eine „normative Perspektive" in Bezug auf die Familienpolitik und beschrieb diese mit den Begriffen der Sakramentalität der Ehe sowie mit der Orientierung am „Kindeswohl". Ursula von der Leyen und auch ihre Nachfolgerin Kristina Schröder haben vor allem diese Vorstellung von Normativität angegriffen. „Ich möchte gar kein Leitbild", erklärte von der Leyen 2006 in einem Interview. „Der Staat soll nicht vorschreiben, wie die Menschen leben sollen. Allerdings darf der Staat den Menschen auch nicht die Möglichkeit nehmen, nach ihren Wünschen zu leben." Aus dieser Haltung ist der nun gebräuchliche Begriff der „Wahlfreiheit" als neue familienpolitische Leitschnur erwachsen. Dazu braucht es dann das Elterngeld und den Krippenausbau und eben das Betreuungsgeld, welches auch die Erziehungsleistung daheim anerkennt.

Bereits in den Erfurter Leitsätzen aus der Oppositionszeit stand die Formel: „Familie ist dort, wo Eltern für ihre Kinder und Kinder für ihre Eltern Verantwortung übernehmen." Das war die sperrige und als solche verspottete CDU-Adaption des schönen und einfachen sozialdemokratischen Slogans „Familie ist da, wo Kinder sind". Die CDU hatte zwar die Verantwortung gerettet und auch die Eltern, aber die Ehe herausdekliniert – und vor allem auch den normativen Anspruch der Familienpolitik. Die neue Familienpolitik ist eine, die keine hehren Ideale mehr hat, dies wiederum formuliert in ein neues „Ideal", das dann Wahlfreiheit heißt. Das ist letztlich bei allen Schmerzen, die es ausgelöst hat, ein antiideologischer Ansatz, der gut zur neuen Union passt. Familienstaatssekretär Hermann Kues, der eine Art Vorkämpfer der von-der-Leyenschen Linie im katholischen Milieu war und durch das Stahlbad mancher Vollversammlung von katholischen Frauen- oder Familienverbänden gegangen ist, hat einmal vom „Großeltern-Bonus" berichtet. Bei den Omas und Opas bekomme er mehr Zuspruch als bei den Eltern. Die Großelterngeneration habe mehr Verständnis für die Wünsche ihrer erwachsenen Enkel, die Beruf und Familie verbinden wollten, als die mittlere Wohlstands-Generation der alten Bundesrepublik. Bei den Alten sei die Erinnerung an die Nachkriegszeit lebendig, als viele Frauen allein durchkommen mussten. Bei den Frauen mittleren Alters hingegen werde oft „das eigene Leben rückwirkend verteidigt", wo der Verzicht auf die berufliche Verwirklichung der Frau zum bürgerlichen Selbstverständnis gehört habe.

Die neue Familienpolitik wird von zwei Seiten in der Union angegriffen, von der christlich-sozialen Seite und von der konservativen Richtung. Bei keinem anderen Thema wird Erwin Teufel so emotional. Für ihn ist das Elterngeld und alles, was damit zusammenhängt, vor allem unsozial. Es sei „die größte Ungerechtigkeit, die man sich denken kann", schreibt der frühere baden-württembergische Ministerpräsident. Weil eben die Kassiererin nur die Hälfte bekomme von dem, was die Bankkauffrau beziehen könne. Aus seiner Sicht muss Familienpolitik Sozialpolitik sein in dem Sinne, dass Bedürftige unterstützt werden und nicht Besserverdienende. Diese von Teufel beklagte Subvention von unten nach oben findet natürlich auch ihre Kritiker unter Ordo-Liberalen und Konservativen: „Krippenwahn und Zwangsbeglückung" überschreiben vier Autoren ihr Kapitel zu diesem Thema. Das Quartett hat ein Buch zum Niedergang der CDU verfasst mit dem etwas irreführenden Titel: „Schluss mit dem Ausverkauf". Der Krippenausbau und die damit verbundene Betreuung unterdreijähriger Kinder werden zum Baustein eines düsteren Untergangsszenarios. Der Politologe und Jurist Arnulf Baring bündelt seine Analyse gar in dem Satz: „Wir werden massenhaft gestörte Nachkommen haben." Die Vorsitzende der Christdemokraten für das Leben (CDL), Mechthild Löhr, erinnert die Krippenpolitik an Sozialismus. „Mit Wahlfreiheit hat eine solche einseitige Berufstätigen- statt Familienförderung nichts zu tun." Prominentester Mitautor ist Jörg Schönbohm, der selbsternannte Lordsiegelbewahrer des Konservativen in der Partei. Er habe sich mal mit Merkel darauf geeinigt, er sei der Bewacher des CDU-Tafelsilbers, sie würde es putzen. Inzwischen reicht es für solche Freundlichkeiten nicht mehr. Schönbohm lässt kaum noch ein gutes Haar an der Kanzlerin. Den beklagten Rückgang der Geburtenrate begründet er mit mangelnder Kinderfreundlichkeit in Deutschland im Vergleich zu anderen Ländern. „Der wesentliche Unterschied scheint mir zu sein, dass man dort Kinder mehr liebt. Die Freude an ihnen ist in Amerika, übrigens auch in Frankreich, allenthalben spürbar." Als 2011 dieses Buch in einem Berliner Salon vorgestellt wird, mit Bismarck-Büste im Hintergrund, wie der „Spiegel" lästernd beschrieb, kamen 15 Interessierte. Obwohl Polemik sich gut verkauft, siehe Sarrazin, haben es die Konservativen schwer. Die Thesen kommen nicht mehr an, nicht nur beim „Spiegel", sondern auch in der Partei.

KT und die Wehrpflicht

Als „Rumpelstilzchen" soll der Verteidigungsminister Karl-Theodor zu Guttenberg (CSU) während der berüchtigten Sparklausursitzung der Bundesregierung am 6. und 7. Juni 2010 im Bundeskanzleramt beschimpft worden sein. Der Regierungssprecher bestritt offiziell die Darstellung, es sei nichts dran an den Märchenerzählungen. In gewohnt smarter Manier ließ der CSU-Politiker wiederum die Medien wissen, dass ihm die Figur aus den Märchen der Brüder Grimm gefalle. Möglicherweise sei der Übeltäter (wenn es ihn denn gegeben hat) nicht textsicher. Rumpelstilzchen sei doch das Männchen, das Stroh zu Gold spinnen könne, merkt zu Guttenberg an. Und man mag an dieser Analogie Gefallen finden, war doch der Aufstieg zu Guttenbergs teils mit derart glänzenden Heilserwartungen verknüpft. In ihm schien nun Merkel ein Kronprinz heranzuwachsen, der ganz anders war und Sehnsüchte nach Repräsentation und Eloquenz würde befriedigen können. Das Ende des Märchens ist bekannt, das Männchen zerreißt sich selbst. Es gab einen Verräter, der das Mädchen von dem bösen Zauber erlöst hat. „Das hat Dir der Teufel gesagt", tobt Rumpelstilzchen, als das Mädchen seinen Namen nennen kann.

Der Ausstieg von „KT" aus der Politik hat etwas Tragisches, denn die Verfehlungen haben zumindest unmittelbar nichts mit seinen politischen Leistungen zu tun. Die Schlampigkeit und auch Dreistigkeit, mit der er seine Doktorarbeit verfertigt hat, spiegeln nicht angemessen die Art und Weise seiner politischen Amtsführung wider. Der Rücktritt mag nicht zuletzt eine Folge seines eigenen Krisenmanagements gewesen sein, in diesem

Sinne hat er sich auch selbst zu Fall gebracht. Sein politisches Talent aber, seine Fähigkeiten sind davon unbenommen.

Kein anderes Reformvorhaben der Merkel'schen Regierungszeit ist für seinen Hauptdarsteller so glanzvoll verlaufen. Die Bundeswehrreform und die Ankündigung, die Wehrpflicht abzuschaffen bzw. auszusetzen, hatte im Sommer und Herbst 2010 eine turbulente Debatte zur Folge. Diejenigen, die in Merkel die Totengräberin der christdemokratischen Grundwerte sahen, fühlten sich wieder einmal bestätigt. Sogar Alt-Kanzler Helmut Kohl rief noch einmal warnend in die politische Arena, er sähe nichts, was für eine Abschaffung der Wehrpflicht spräche. Merkel selbst war äußerst skeptisch, als zu Guttenberg unangekündigt und ohne vorherige Absprache in die Sparberatungen im Bundeskanzleramt mit der Idee der Wehrpflicht-Abschaffung platzte. Anders seien die Sparanforderungen von Bundesfinanzminister Wolfgang Schäuble nicht zu erfüllen, erklärte er. Später wurde immer wieder, auch von ihm selbst, beteuert, es sei unglücklich, die Abschaffung der Wehrpflicht mit dem klammen Geldbeutel zu begründen.

Inzwischen sind sich Verteidigungsexperten einig, das Ende der Wehrpflicht war notwendig und unabdingbar – und möglicherweise kam die Regierung nur den Gerichten zuvor, die ihr dies auferlegt hätten. Zu Guttenberg ist ein wichtiger Reformschritt gelungen, und es ist ihm gelungen, trotz dieses für die Identität und das Selbstwertgefühl der Partei schweren Schlags geschätzt zu werden. Der CSU-Politiker ist mit diesem Thema durch die CDU-Kreisverbände gezogen und hat für die Reform geworben – und obwohl der Inhalt ungeliebt war, war der Verteidigungsminister danach noch beliebter als zuvor.

Auf dem CDU-Parteitag im November 2010 in Karlsruhe trat zu Guttenberg unter stehenden Ovationen auf. Er genoss den roten Teppich, den ihm die Schwesterpartei ausrollte. Von der demgegenüber zurückhaltenden Begrüßung des CSU-Vorsitzenden Horst Seehofer wird ihm berichtet worden sein. Zu Guttenbergs Rede wurde auch von seinen Kritikern gelobt, sie zeigt, wie er den Kurswechsel, die 180-Grad-Wende der Unions-Programmatik verkauft, ja verwandelt hat.

Zu Guttenbergs Werkzeug ist das Gefühl. Er weiß genau, die 1000 Delegierten im Saal sind für Sachargumente zugänglich. Das Problem aber ist emotionaler Natur: „Wir waren immer für die Wehrpflicht – uns ist nicht wohl dabei, nun dagegen sein zu müssen." Das Erste, was zu Guttenberg also sagt ist, dass er auch für die Wehrpflicht war – und es immer noch ist. Und dass keiner seine Überzeugungen an den Haken hängen muss. Er sei immer noch der „glühendste Verfechter" der Wehrpflicht. Sie sei ein Erfolgsmodell. „Und wir von der Union sollten uns nicht von den Besserwissern dieser Tage die Butter vom Brot nehmen lassen." So was kann Merkel nicht, so tief in die gefühlige Trickkiste greifen. Da nicken alle innerlich. Die ganze restliche Rede lang erklärt zu Guttenberg, dass die Wehrpflicht nicht zu halten sei und dass man das hätte schon früher erkennen können, dass Kohl irrt. Aber das nimmt ihm keiner mehr übel. Er sagt: „Wenn mir jemand vor einem Jahr prophezeit hätte, dass ich einmal vor der Situation stehe, über die Aussetzung der Wehrpflicht zu debattieren, dann hätte ich ihn, so glaube ich, unter wüsten Beschimpfungen aus dem Raum gejagt." Wer will ihm da noch böse sein? Da tritt nicht der Reformer auf, der die CDU-Bastion schleift, da macht es sich jemand schwer. Umjubelt und mit großer Mehrheit geht zu Guttenberg nach Rede, Debatte und Abstimmung vom Platz. Sein Vermögen, die Seele der Partei zu streicheln, hat dazu beigetragen, dass die CDU diese gravierende Reform ohne gravierenden Flurschaden übersteht.

Die inhaltliche Argumentation des Verteidigungsministers nutzt die Stimmungslage der Delegierten rhetorisch geistreich aus. Der wichtigste Grund für die Aussetzung der Wehrpflicht war die fehlende Wehrgerechtigkeit. Nur noch 16 Prozent eines Jahrgangs wurden gezogen. Außerdem gab es finanzielle Erwägungen. Für die Ausbildung der Wehrpflichtigen seien, so zu Guttenberg, rund 10.000 Zeitsoldaten notwendig, aus den Reihen der Wehrpflichtigen selbst rekrutierten sich aber auch nur rund 8000 Zeitsoldaten. Damit verbunden sind immense verfassungsrechtliche Fragen. Darf der Staat junge Männer zum Wehrdienst verpflichten, wenn dazu keine unbedingte sicherheitspolitische Notwendigkeit besteht. Auch dieses Argument führt zu Guttenberg aus. Die Verteidiger der Wehrpflicht halten es trotzdem für richtig, wenn junge Menschen auch einen Dienst für die Allgemeinheit leisten. Zum anderen wird die Akzeptanz für die Armee und ihre Verankerung in der Gesellschaft mit der Wehrpflicht verknüpft. Zu Guttenberg hebelt diese Begründung aus, indem er einen Begriff in seine Rede einführt, der nun gerade aus dem Wortschatz seiner Gegner zu kommen scheint. Durch die nur noch kurze Wehrdienstzeit, durch die schlechte Einsetzbarkeit der Wehrpflichtigen und schließlich auch durch die leichte Möglichkeit sich der Wehrpflicht zu entziehen sei es gerade die Wehrpflicht, die „zum Drückebergertum verleitet". Dann schiebt er nach: „Deswegen haben wir gesagt – das entspricht auch meinem christlichen Menschenbild sehr – wenn ein solcher Dienst schon nicht unter Verpflichtung möglich ist, dann ist es im Grunde sogar besser, wenn Menschen freiwillig bereit sind, einen solchen Dienst zu tun." Das sei der Weg, damit sich keine „Drückebergerkultur" in diesem Land etabliere. Das ist natürlich ein starkes Stück von zu Guttenberg. Nicht die Wehrpflicht macht aus Jungen Männer, lehrt sie Verantwortung und Ordnungsinn. Im Gegenteil. Weil auf den Dienststuben mangels Aufgabe nur noch „rumgelungert" werde, wie der „Spiegel" bemerkte, müsse etwas Neues her. Der freiwillige Dienst verkörpere demgegenüber das Ideal, sich für das Land einzusetzen. Ein geradezu genialer Kniff, den zu Guttenberg anwendet und sein Publikum mit ordentlichem Beifall in den Messehallen in Karlsruhe honorierte.

Den Beschluss zur Abschaffung der Wehrpflicht hätte Merkel ohne den vermögenden Baron nicht so elegant hinbekommen. Für die Umsetzung hat sie jetzt Thomas de Maizière, der als Sohn des Generals Ulrich de Maizière, einem der Väter der Bundeswehr, eine Idealbesetzung auf dem Posten des Verteidigungsministers zu sein scheint. Der katholische Feuerkopf reißt die alten Mauern ein, der nüchterne Protestant baut neu auf – besser hätte es sich Merkels Pragmatismus kaum ausdenken können.

Die Kernschmelze

Die größte nicht-anzunehmende Verunsicherung im Leben der Partei war sicher die sogenannte „Energiewende". Nie zuvor hatte eine bundesdeutsche Partei, zumal in Regierungsverantwortung, so schnell, radikal und geräuschlos eine zentrale inhaltliche Positionierung um 180 Grad gewendet. Aus der Atom-Partei CDU wurde eine Anti-Atom-Partei. Der Tsunami in Japan und die Kernschmelze im Atomkraftwerk von Fukushima im März 2011 bescherte der CDU-FDP-Bundesregierung ihr größtes Thema – neben der Euro-Rettung. Die Kanzlerin und Parteivorsitzende verkündete zunächst ein Moratorium und dann im Juni 2011 den endgültigen Ausstieg aus der friedlichen Nutzung der Kernenergie. Das Ausstiegsszenario ist dabei ambitionierter, als es zuvor in den Schröder-Jahren von der rot-grünen Bundesregierung beschlossen worden war. Die besondere Dramatik des Kurswechsels war umso größer, weil die Koalition nur sechs Monate vorher, im Herbst 2010 und trotz heftigen gesellschaftlichen Protestes, oppositionellen Trommelfeuers und vieler Bedenken in den eigenen Reihen, eine Verlängerung der Laufzeiten für Atomkraftwerke beschlossen hatte. Dies war die Umsetzung des Koalitionsvertrags, ein Wahlversprechen und auch dem Drängen der FDP geschuldet.

Merkel hat diesen Kurswechsel immer wieder ganz persönlich begründet. Die japanische Katastrophe habe der ganzen Welt klargemacht, dass die sogenannten „Restrisiken" eben entgegen der festen Überzeugung vieler nicht beherrschbar seien. Auch nicht in einem Hochtechnologieland Japan. Doch Merkels Kritiker warfen ihr Populismus vor, sie liefe der Mehrheitsmeinung in

Deutschland hinterher, die gefühlig aber nicht rational gegen Atomenergie sei. Ihrem ewigen Streben, Konflikte auszuräumen und den Gegnern die Themen abzugraben. Zudem sei der Atomausstieg zu ambitioniert geplant. Das bedeute eine Schwächung des Industriestandorts. Soziale Härten durch teuren Strom seien zu befürchten. Sogar Black-outs könnten die Folge sein. Zudem habe Merkel keinen Parteitag einberufen, sondern der CDU die Energiewende von oben aufgezwungen. Die Hau-Ruck-Aktion des sogenannten „Atom-Moratoriums" habe den baden-württembergischen Ministerpräsident Stefan Mappus retten sollen, was gründlich misslang.

Die Kernenergie war für die CDU auch ein wichtiges Symbolthema, aufgeladen mit Emotionen und Irrationalitäten. In der Konstellation Mappus-Röttgen deutete sich das an. Während der Debatte um Laufzeitverlängerung im Sommer und Herbst 2010 hatte sich der damalige Bundesumweltminister Norbert Röttgen als Kritiker der Kernenergie hervorgetan. Dies bemüßigte Mappus, der auf dem konservativen Flügel der Union punkten wollte, dazu, sogar den Rücktritt des Ministers zu fordern. Ein ungeheuerlicher Vorgang, wie selbst enge politische Freunde von Mappus einräumen. Der Streit um die Kernenergie ist eines der wichtigsten Themen der deutschen Nachkriegsgeschichte und hat eine ganze Generation politisiert. Die CDU hat sich in expliziter Gegnerschaft zur Anti-Atom-Bewegung verstanden. Anders als die SPD, die in der Frage lange unsicherer war, hat die CDU die Kernenergie zur Polarisierung genutzt. Sie verkörperte damit ein politisches Konzept: Zukunftsoptimismus, Bekenntnis zu einer starken Wirtschaft sowie klare Wachstumsorientierung. Neben dem Antikommunismus gab es wahrscheinlich für die CDU in den 1970er- und 1980er-Jahren nichts, mit dem sich Menschen besser gewinnen ließen. Der 1980 im münsterländischen Ahaus geborene CDU-Bundestagsabgeordnete Jens Spahn, der noch immer zu den jüngsten Parlamentariern in Berlin gehört, nennt das Ja zur Atomenergie und die damit verbundene Gegnerschaft zu den „linken Lehrern" seiner Heimatstadt als einen entscheidenden Grund, sich für die Junge Union und die CDU entschieden zu haben. Ahaus ist der Standort eines Atomzwischenlagers, Gefahr und Nutzen lagen vor der Tür. Die Demos vor Ort waren prägend. Dem „Spiegel" sagte Spahn: „Politisch sozialisiert wurde ich durch den Streit über die Kernenergie. Damals wurde man montags vom Lehrer gefragt, warum man sonntags nicht bei der Anti-AKW-Demo war. Das hat bei mir einen gesunden Reflex ausgelöst. Ich wollte mir nicht vom Lehrer vorschreiben lassen, was ich zu denken habe. In die CDU einzutreten war richtig – ich habe es bis heute nicht bereut." Der endgültige Beschluss des Atomausstiegs durch eine CDU-geführte Bundesregierung hat dementsprechend die CDU-Basis elektrisiert. Kein Ortsverein, kein Kreisvorstand, keine Bürgersprechstunde der Bundestagsabgeordneten im Frühjahr und Sommer 2011, die sich nicht mit dem Thema beschäftigt hätten. Die „Kernschmelze" der Union-Programmatik, so ist es bezeichnet worden. Doch das ist eben nicht die ganze Wahrheit. Merkel war nur die Vollstreckerin einer sich schon sehr lange anbahnenden Entscheidung. Denn so schnell Merkel nun das quälende Thema beendet hat, so lange währte und gärte es schon. Natürlich war die CDU 2011 längst nicht mehr die glühende Atom-Partei, die sie viel-

leicht in den 1980er-Jahren gewesen war. Im Koalitionsvertrag von 2009 stand das Wort von der „Brückentech-
nologie". Am Ausstiegsbeschluss von Rot-Grün wurde
nicht gerüttelt. Die Verlängerung der Laufzeiten war ein
Entgegenkommen gegenüber der Energiewirtschaft, vielleicht eine vernünftige Verlängerung der Brücke, doch
keine grundlegende Neubewertung der Kernenergie
bzw. Neuauflage alter Begeisterung. An den Bau von
neuen Atomkraftwerken mochte schon lange keiner
mehr glauben. Die schnelle Energiewende ist die rasche-
re Umsetzung dessen, was die CDU langfristig wollte,
sie hätte dafür emotional vielleicht etwas mehr Zeit be-
nötigt. Darauf, in der Tat, auf die Befindlichkeit, nimmt
Merkel nicht so viel Rücksicht.

Bei einem Gespräch unter Mittelständlern und
Landwirten in diesen Monaten der CDU-Energie-Revolu-
tion soll es hoch hergegangen sein. Unmöglich sei die
Entscheidung der Kanzlerin, waren sich die versammelten Herren einig, wirtschaftsfeindlich, zukunftsfeindlich
und überhaupt, ohne Rücksicht auf den Mittelstand.
Nach hitzigem Hin und Her habe schließlich einer gefragt: „Und was machen wir jetzt?" Schweigen. „Es versuchen", sagte ein anderer. „Wenn es klappt, wär's natürlich genial." Zur Not müsse halt erst noch mal mehr Gas
verfeuert werden. Die CO_2-Ziele seien ja nun so wichtig
auch nicht. Kurzum: Schon beeindruckend, was die
Kanzlerin einem so alles zumutet. Sicher gab es viele solche Runden, sicher sind nicht alle so positiv für die Parteivorsitzende ausgegangen. Aber viele in der Partei wissen natürlich auch, dass in der CDU und vor allem in
der Jungen Union schon in den 1980er-Jahren über den
Ausstieg geredet wurde – meist hinter vorgehaltener
Hand. Und manchem Wahlkämpfer war es auch in den

letzten Jahren schwergefallen, an den Ständen in den Fußgängerzonen die Atomenergie zu verteidigen. Möglicherweise war der schnelle Ausstieg falsch, möglicherweise ist er ökonomisch waghalsig, Unzufriedenheit an der Basis gibt es nach wie vor, aber sie ist weniger grundsätzlich. Jetzt geht es um den Strompreis. Zwei Jahre nach der Energiewende lässt sich die CDU grob in vier Gruppen einteilen. 1. Diejenigen, die schon immer gegen Atomenergie waren. 2. Jene, die inzwischen dagegen sind. 3. Jene, die immer noch für die Kernenergie sind, aber einsehen, dass sie selbst in den eigenen Reihen nicht mehr durchsetzbar ist. 4. Schließlich jene, die an der Atomenergie festhalten, vor allem aus ökonomischen Gründen. Ein Präsidiumsmitglied beziffert im Winter 2012 den Anteil der vierten Gruppe unter den CDU-Mitgliedern noch auf 20 Prozent. Allerdings ließen sich von diesen ein Großteil durch eine gute Rede und Überzeugungsarbeit in Gruppe drei schieben. Der „neue" Minister Peter Altmaier als Sympathieträger in seiner Partei, scheint auch darauf besondere Anstrengung zu verwenden.

Tatsächlich hat Roland Koch in seinem Buch „Konservativ", das er als eine Art Vermächtnis nach seinem Ausstieg aus der aktiven Politik hinterlassen hat, noch vor Merkels Energiewende von der Chance gesprochen, in den „kommenden Jahren ideologische Positionen versöhnen" zu können. Koch, der in den 1980er-Jahren im hessischen Landtag als Widerpart Joschka Fischers mit flammendem Eifer die Atomenergie verteidigt hatte, schlägt milde Töne an. „Wir stehen unmittelbar vor der Chance, die nachhaltige Energieproduktion zu dem großen gesellschaftlichen Wirtschaftsprojekt der kommenden Jahrzehnte zu machen."

Bildung ohne Hauptschule

Von dem niedersächsischen CDU-Kultusminister Werner Remmers stammt der spöttische Satz, wonach auf das Gymnasium nur die leistungsstarken Kinder gehören „und meine". In den bildungspolitischen – oft ideologisch aufgeladenen – Debatten der alten Bundesrepublik war ein Hauptstreitpunkt immer die Frage der Schulform. Ob eine Gesamtschule die bessere Möglichkeit sei, die Schüler zu fördern, an dieser Frage entzündeten sich Grabenkämpfe, die identitätsbildend waren für die jeweiligen Lager. Das längere gemeinsame Lernen und die Ausdifferenzierung galt der SPD als die Chance, Schüler aus bildungsferneren Schichten besser zu einem höheren Schulabschluss führen zu können. Dem gegenüber stand der konservative Ansatz, im gegliederten Schulsystem die Spiegelung eben nun mal vorhandener Unterschiede und Anforderungen zu sehen. So könne eben die Hauptschule besser auf einen Ausbildungsberuf und das Gymnasium besser auf ein Hochschulstudium vorbereiten. In jüngster Zeit wurde dieser Antagonismus dann mit Kampfbegriffen wie der einer „sozialistischen Einheitsschule" aufgefrischt. Es verwundert also nicht, dass ein zunächst klein erscheinendes Thema doch dazu taugt, die CDU in Wallung zu bringen.

Die damalige Bildungsministerin Annette Schavan betrat also vermintes Gelände, als sie sich vornahm, dieses eigentlich in Landeshoheit befindliche Thema auf die Bundesebene zu heben und ihrer Partei eine neue bildungspolitische Positionsbestimmung verordnete. Bevor Schavan 2005 in Merkels Kabinett einzog, war sie zehn Jahre Kultusministerin in Baden-Württemberg unter Ministerpräsident Erwin Teufel gewesen. Schon in dieser Zeit hatte sie an einer weitreichenden Veränderung des schulischen Gefüges gearbeitet. Unter ihrer Führung wurde in Baden-Württemberg das „G8", das Abitur nach der 12. Jahrgangsstufe, eingeführt.

Nun sollte es also der Hauptschule an den Kragen gehen, so zumindest formulierten es Schavans Kritiker. Bereits am 27. Juni 2011 hatte der CDU-Bundesvorstand das neue Bildungskonzept beschlossen, das dann auf dem „Bildungsparteitag" im November in Leipzig verabschiedet werden sollte. Unter dem Titel „Bildungsrepublik Deutschland" wird lebenslanges Lernen, gute Bildung und die Förderung einer Wissensgesellschaft als elementare Zukunftsaufgabe und als überlebensnotwendig für den Wohlstand in Deutschland beschrieben. Es muss wohl diese allseits akzeptierte Lyrik gewesen sein, die die Bundesvorstandsmitglieder die Brisanz im Detail übersehen ließ. Zumindest kommt nach dem Beschluss des Papiers eine kontroverse Debatte in Gang, die sich bis in den Herbst hinzog und vor allem Schavan mit ihrem Landesverband Baden-Württemberg aneinandergeraten ließ. In der scheinbaren Modernisierungs-Orgie wurde ein neues Kapitel aufgeschlagen. Nach der Energiewende und der Abschaffung der Wehrpflicht ging es einem weiteren „Markenkern" der Union ans Leder. Noch weniger Profil und noch mehr Angleichung, stöhnten die Kritiker.

Auch auf dem Parteitag in Leipzig waren trotz vieler Debatten im Vorfeld die Wogen noch nicht geglättet. Die Stilisierung des Hochschulthemas zum nun wirklich absoluten Kernbestand christdemokratischer Identität lässt erahnen, dass vor allem in Baden-Württemberg nach dem Verlust der Macht die Suche nach dem Eigenen und Unverwechselbaren als Existenzfrage betrachtet wurde. Der Fraktionsvorsitzende im Stuttgarter Landtag, Peter Hauk, antwortete in Leipzig auf Annette Schavan. Und er machte den großen Horizont auf, nutzte die bildungspolitische Debatte geradezu zu einer Generalaussprache über die Frage von Veränderung und Modernisierung: „Während wir mit unserem Grundsatzprogramm eine Energiewende – nirgendwo in dem Programm steht, dass wir Kernkraftwerke brauchen und unseren Strom daraus erzeugen müssen – und auch die Abschaffung der Wehrpflicht – nirgends steht, dass es die Wehrpflicht geben muss – locker vereinbaren können, geht es bei der Bildungspolitik tatsächlich um Grundsatzfragen."

Es scheint geradezu eine Sehnsucht zu geben, die bildungspolitische Debatte zu einer Glaubensfrage zu machen. Die Dramatik, die Hauk aufmacht, kann gar nichts mehr bewirken. Der Parteitag würde natürlich der modifizierten Vorlage der Ministerin zustimmen. Hauk erklärt: „Es geht darum, ob ein linkes, ein sozialistisches Einheitsmodell letztendlich Furore macht oder ob wir uns an unserem christlichen Menschenbild orientieren und dabei Differenzierung, Vielfalt im Angebot und Vielfalt der Menschen akzeptieren. Das ist ein ganz entscheidender Punkt." Die Hauptschule wird zum Bollwerk gegen den Sozialismus. Das ist ziemlich hoch aufgehängt, zumal in vielen Bundesländern schon Haupt- und Realschule in einer neuen Oberschule oder Sekundarschule aufgegangen sind. Dennoch sagt Hauk: „Jede versuchte Eingrenzung – Dreiwegemodell, Zweiwegemodell; irgendwann steht man dann beim Einwegemodell – wird dem Individuum nicht gerecht."

In dem schließlich verabschiedeten Papier von Schavan heißt es hingegen, in vielen Teilen unseres Landes sei eine „schwindende Bereitschaft von Eltern, ihre Kinder an der Hauptschule anzumelden", vorhanden. „Mit dem Ziel, ein differenziertes, leistungsorientiertes und wohnortnahes Bildungsangebot auf Dauer zu sichern, entwickelten eine Reihe von Bundesländern neben dem Gymnasium attraktive Schulformen, in denen die Bildungsgänge von Haupt- und Realschulen unter einem Dach angeboten werden. Dabei wird die Durchlässigkeit zwischen diesen beiden Bildungsgängen weiterentwickelt. Diese Schulformen haben sich in vielen Untersuchungen als sehr leistungsfähig erwiesen und stärken das differenzierte Schulwesen gegen die Einheitsschule." Das Papier grenzt sich also klar von dem „Einwegemodell" ab, aber wie so oft befürchten die Konservativen bei den von der Partei angeschobenen Veränderungen eine „Rutschbahn" in die falsche Richtung.

Auch aus Hessen bekam Schavan viel Gegenwind. Ganztagsschule und Vorschuljahr seien falsch und mit der Hauptschule werde wieder „ein Prinzip" über den Haufen geworfen, heißt es in den Debattenbeiträgen auf dem Parteitag. Während im Grundsatzprogramm der CDU von 1994 noch ein explizites Bekenntnis zur Hauptschule enthalten war, taucht der Begriff in den Grundsätzen von 2007 nicht mehr auf. Dort ist lediglich das Bekenntnis zum „gegliederten Schulsystem" enthalten. Die „Modernisierung" Merkels und ihrer Mannschaft greift wieder eine Debatte auf, die in der Partei bereits angelegt war. Und die Widersprüche, die zutage treten, sind eingewebt in das Handeln der Akteure selbst. Bereits im November 2000 fand ein Stuttgart ein kleiner Parteitag zum Thema Bildung statt. Damals hatte die Landesministerin Schavan noch zu Zeiten der bundespolitischen Opposition ein Bildungspapier vorbereitet. An einem flammenden Bekenntnis zur Hauptschule fehlt es damals nicht. In die Hauptschule müsse investiert werden, um sie zu erhalten, sie sei und bleibe der wichtigste Zugang zu den Ausbildungsberufen. Schavan erklärt kämpferisch: „Wir wollen, dass die SPD Schluss damit macht, die Hauptschule kaputtzureden; denn dadurch schadet sie nicht nur einer Schulart, sondern Kindern und Jugendlichen." Dass die Hauptschule in der Krise steckte, war damals schon abzusehen. Doch zur großen Reform wollte sich die Union noch nicht aufraffen. Sie hatte noch ganz andere Sorgen im ersten Merkel-Jahr. „Die Hauptschule ist nirgends so beliebt wie auf CDU-Parteitagen", kommentierte Generalsekretär Hermann Gröhe die jahrelange Debatte um das Sorgenkind. Getreu dem Remmers'schen Diktum: Wir müssen die Hauptschule erhalten – aber für die armen anderen.

Interessanterweise ist der Wunsch nach der Abschaffung bzw. Umwandlung der Hauptschule weniger eine akademische Erkenntnis eines wie auch immer beschaffenen CDU-Reformflügels, sondern eine CDU-Basisbewegung. Dies lässt sich am Schulkonsens der CDU in Nordrhein-Westfalen zeigen. Beim Bundesparteitag konstatiert der Düsseldorfer Landtagsabgeordnete Thomas Sternberg aus Münster, Miterfinder des Schulkompromisses, lapidar, in allen Ländern diskutiere die CDU derzeit „in Richtung Zweigliedrigkeit". In NRW hatte die in der Opposition befindliche Union mit Rot-Grün eine Vereinbarung geschlossen, die aus Unionssicht einerseits die „Einheitsschule" verhindern, andererseits die Sekundarschule, also die vereinigte Haupt- und Realschule, realisieren sollte. Der Druck dazu kam gerade aus den CDU-dominierten ländlichen Gegenden und wurde dort von den CDU-Bürgermeistern und CDU-Ratsfraktionen gefordert. Denn neben dem schlechten Ruf der Hauptschule und ihrem notorischen Abdriften an den bildungspolitischen Rand, das schon seit den 1970er-Jahren zu beobachten war, markierte die Schule auch ein standortpolitisches Dilemma. Die zurück-gehenden Schülerzahlen machen im ländlichen Raum Schulschließungen unvermeidlich, doch ist es für eine Kommune enorm wichtig, möglichst noch eine weiter-führende Schule anbieten zu können. Das Zusammenle-gen von Haupt- und Realschule bietet also die Möglich-keit, mehr Schulen in der Fläche zu erhalten. Mit ähnlichem Argument gründeten schon in den 1980er-Jahren stockkonservative Gemeinden in ländlichen Re-gionen Gesamtschulen, um nicht der nächst größeren Kommune alle Schüler abtreten zu müssen. Der örtliche Pragmatismus machte den Bildungspolitikern der eige-nen Partei in der fernen Landeshauptstadt das Leben schwer. Und Annette Schavan konnte sich, nachdem der Rauch sich verzogen hatte, auf diese breit vertretene lokale Perspektive verlassen.

In ihrer Rede vor dem Bundesparteitag 2011 konnte sie die Delegierten, die oft aus der kommunalen Arbeit kamen, mit solchen Argumenten mehr überzeugen als mit Prinzipienfragen. Sie erklärte: „Zur Wirklichkeit ge-hört, dass die Schülerzahlen dramatisch zurückgehen. Viele Schulstandorte im ländlichen Raum werden wir nur dann erhalten können, wenn wir kluge Wege finden, Haupt- und Realschule zusammenzubringen. Liebe Freunde, das ist nicht nur eine bildungspolitische Auf-gabe; es ist auch eine strukturpolitische Aufgabe." Wie-der einmal ist eine vermeintliche inhaltliche Bastion geschliffen worden, und es bleibt ein Gefühl der zunehmenden Unkonturiertheit zurück. Wie kleinteilig der vermeintliche „Wesenskern" christdemokratischer Inhalte erhalten werden soll, erschließt sich beim Redebeitrag von Hessens CDU-Fraktionsvorsitzenden Christean Wagner, der dafür plädierte, beim Begriff „gegliedertes Schulsystem" zu bleiben und ihn nicht durch den Begriff „differenziertes Schulsystem" zu ersetzen. „Gab es seit 2007 einen neuen politischen Handlungsbedarf? Ich sehe ihn nicht. Wir dürfen nicht Grundsätze, die uns immer getragen haben, über Bord werfen", erklärte er.

Für Schavan war das kein leichter Kampf. Unterdessen war sie in ihrem eigenen Kreisverband in Ulm heftig angegriffen worden und zunächst nicht als Delegierte für den Parteitag nominiert worden. Auf den Bildungskonferenzen, die im ganzen Land abgehalten wurden, war man mit ihr nicht überall freundlich umgegangen. Hinzu kam, dass durch die CDU-Niederlage in Stuttgart im Frühjahr 2011 alte Wunden neu aufgerissen wurden: Annette Schavan und Peter Hauk haben eine gemeinsame politische Geschichte, die sich nicht in Bildungspolitik erschöpft. Traditionell teilen politische Beobachter die baden-württembergische Union in zwei Lager: Auf der einen Seite der katholische Erwin Teufel, auf der anderen Seite der protestantische Wolfgang Schäuble – mit ihren Anhängern. Das ist natürlich grob verkürzt – vor allem hat sich die Ordnung durch die Zerrüttungen der letzten Jahre erheblich verwischt. Sowohl Schavan wie auch Hauk sind in gewisser Weise verhinderte Ministerpräsidenten – und möglicherweise wären beide länger im Amt geblieben als die beiden letzten CDU-Regierungschefs in Stuttgart. Erwin Teufel war von 1991 bis 2005 Ministerpräsident und hatte seine Nachfolge nicht in einer Weise geregelt, dass sie 2005 bei seiner Ablösung reibungslos verlief. Die „protestantische" Seite verlangte nun nach einem Kandidaten aus ihren Reihen. Wolfgang Schäuble favorisierte Günter Oettinger und bekräftigte dies auch mit einer gewissen Skepsis gegenüber Schavan. Dieser Zwist hielt noch lange an – und wurde erst viel später in Berlin beigelegt. In einer Mitgliederbefragung unterlag Schavan und Oettinger wurde 2005 Ministerpräsident.

Bei der Suche nach einem neuen Fraktionsvorsitzenden im Stuttgarter Landtag kam es zur Kampfabstimmung zwischen Peter Hauk und Stefan Mappus. Hauk war von Oettinger favorisiert worden, Mappus galt als Vertrauter Schavans. Mit der Wahl von Stefan Mappus war eine Vorentscheidung für die Oettinger-Nachfolge 2010 gefallen. Oettinger trat 2010 zurück und wurde Energiekommissar in Brüssel. In den Medien wurde darüber spekuliert, ob Merkel ihn „weggelobt" habe, um einen unliebsamen Landesfürsten loszuwerden. Mit Mappus, so schien es, zog ein ihr freundlich gesonnener Hausherr in die Villa Reitzenstein, dem Regierungssitz in Stuttgart, ein. Doch das war wohl ein Irrtum. Mappus versuchte in der schwelenden Profildebatte der Union auf der konservativen Seite zu punkten, zur Überraschung auch manches Weggefährten. Er fiel mit kritischen Äußerungen etwa zur Homosexualität auf, lehnte die Schirmherrschaft für den Christopher-Street-Day ab, was ihn zwar bekannt machte, aber doch nicht die Reputation brachte, die er sich vielleicht erhofft hatte. Schließlich positionierte er sich in der Energiefrage entschieden gegen Bundesumweltminister Norbert Röttgen und für die Atomenergie, was ihm dann nach Fukushima und dem sich anbahnenden Atomausstieg schwer zu schaffen machte – und mit dafür verantwortlich war, dass er das Amt verlor. Insofern haben sowohl die Energiewende-Debatte als auch die bildungspolitische Auseinandersetzung neben dem inhaltlichen Streit auch immer gewichtige machtpolitische und persönliche Implikationen.

Annette Schavan gilt in diesem Rollenspiel als Modernisiererin – und Merkel-Vertraute. Im November 2012 zog sie sich von der Parteispitze zurück, nach 14 Jahren als Vize-Vorsitzende. 2013 tritt sie als Bildungsministerin zurück, nachdem ihr die Universität Düsseldorf den Doktortitel entzogen hatte. Eine gerichtliche Auseinandersetzung steht aus. Unbeirrt bewirbt sie sich erneut um ein Bundestagsmandat. Doch ihre politische Zukunft ist bisweilen ungewiss. Sie weist in einer Bilanz ihres parteipolitischen Engagements den Vorwurf zurück, die CDU habe zu viele programmatische Kernbestände über Bord geworfen. „Profil verliert in der Politik, wer keine relevanten Antworten gibt. Profil verliert, wer im Selbstgespräch versinkt." Die CDU habe vielmehr in den zurückliegenden 14 Jahren „sensibel" gesellschaftliche Veränderungen gestaltet und daran „ihr Profil geschärft". Gerade die Kritik aus der konservativen Ecke der „alten CDU" hält sie für gegenstandslos. „Mit Verlaub: Ich komme aus der alten CDU. Und stehe dazu. Ich bin seit 40 Jahren Mitglied. Fortschrittsverweigerung war doch in der CDU niemals ein Wert. Die Partei war von Anfang an auf neues Denken und neue Wege ausgerichtet."

Mindestlohn – die Graswurzelbewegung

Es war ein heißer Tag im Mai 2011, als die Revolution Fahrt aufnahm. Die Christlich Demokratische Arbeitnehmerschaft (CDA) hat keine Büros unmittelbar in der schicken und teuren Umgebung des Reichstags. Die Sozialausschüsse haben Räume etwas nördlicher bezogen, an der Invalidenstraße. Die Adresse scheint passend für den „Arbeiterflügel" der Partei. Die Gegend liefert einen historischen Bezug. Die Oranienburger-Vorstadt wurde im 19. Jahrhundert „Feuerland" genannt – wegen der vielen Schornsteine. Hier lag die industrielle Keimzelle Berlins, Firmen wie die Lokomotivenfabrik Borsig hatten hier ihren Stammsitz. 150 Jahre später gibt es keine Fabriken mehr. In dem kleinen Besprechungsraum in einer oberen Etage ist es schwül an diesem Frühsommertag. Klimaanlagen fehlen bei der CDA. Der Vorsitzende Karl-Josef Laumann zieht das Sakko aus und begrüßt die kleine Schar von gerade mal zehn Journalisten, die sich nach „Feuerland" aufgemacht hatten. Auch die CDU will jetzt den Mindestlohn, war Laumanns Botschaft. Er wollte raus aus der Sackgasse, in die sich die Union aus seiner Sicht programmatisch hinein manövriert hatte. Mehr noch: Endlich sollte der Sozialflügel der Partei mal wieder einen Sieg nach Hause tragen. Seit dem Leipziger Parteitag von 2003 schienen die „Roten" bei den Schwarzen in der Defensive zu sein. Die Große Koalition hatte dies noch überdeckt, doch nun im Bündnis mit der FDP war Sozialpolitik nicht mehr so hoch angesehen. Selbst in der Familienpolitik, die eine Domäne der Sozialpolitiker war, gab es nun mit dem neuen Elterngeld plötzlich eine Umverteilung anderer Art.

Im Koalitionsvertrag der christlich-liberalen Bundesregierung steht es anders: „Einen einheitlichen gesetzlichen Mindestlohn lehnen wir ab." Ausgerechnet diesen Grundsatz hatte sich Laumann vorgenommen. Mit Erfolg. „Eine allgemeine Lohnuntergrenze ist der richtige Weg, um Lohndrückerei zu bekämpfen", sagte er in dem überheißen Zimmer wenige Tage vor der CDA-Bundestagung. Statt von Mindestlohn war allerdings von Lohnuntergrenze die Rede – ein Versuch, die programmatische Kehrtwende zu kaschieren. Doch Laumann hielt diese Kopf-Akrobatik nicht durch und erklärte, den Weg der sozial gerechten Politik werde man „mit der Einführung eines allgemeinen gesetzlichen Mindestlohns weiter beschreiten."

Der Aufschlag der Sozialausschüsse im Mai 2011 war der Anfang. Was folgte, war eine kleine Revolte von unten. Dazu musste Laumann zum einen die Partei und die Vorsitzende überzeugen. Zum anderen musste er eine inhaltliche Brücke bauen, die die Kursänderung als halbwegs geradlinig erscheinen ließ. Mit dem Bau dieser Brücke begann er bei jener kleinen Pressekonferenz. Er erklärte zunächst, Mindestlöhne seien für die CDU nicht generell des Teufels, schon Sozialminister Norbert Blüm habe branchenspezifische Mindestlöhne eingeführt. Dabei werden tariflich ausgehandelte Lohnuntergrenzen in der jeweiligen Branche für allgemein verbindlich erklärt. Nun gebe es aber weiße Flecken, wo diese Regelung nicht greifen könne. Deswegen müsse man die Tarifparteien verpflichten, einen allgemeinen Mindestlohn festzusetzen, der dann gesetzlich verbindlich werde. Mit dieser Idee, dass die neuen Mindestlöhne nicht vom Staat, sondern von zu bildenden Kommissionen der Tarifparteien festzulegen seien, hat Laumann zusammen mit seinen Mitstreitern einen politischen Coup gelandet. Denn die erwartbare ordnungspolitische Kritik – dass bei einem Mindestlohn sich der Staat zu stark einmische – wurde so erheblich abgemildert. Die Idee hatte der Mittelständler und wirtschaftspolitische Sprecher Michael Fuchs mitentwickelt. Fuchs wusste genau, dass sich auch aus wirtschaftspolitischer Sicht das Thema nicht mehr wegwischen ließ. Die CDU brauchte eine Befriedungsstrategie.

Laumanns Mittel dazu war der Häuserkampf. Er tingelte von Kreisverband zu Kreisverband und machte aus der Mindestlohndebatte eine Art „Basisbewegung". Seine bisweilen volkstümliche und derbe wie zugleich auch redegewandte Art halfen dem gelernten Maschinenschlosser mit dörflichen Wurzeln bei seiner Roadshow und machten ihn zu einer neuen Kultfigur der CDU vor Ort. Es sind seine einfachen Sätze, die ankommen. „Ich kann einfach nicht verstehen, dass Menschen, die vernünftig arbeiten, davon nicht leben können, auf keinen grünen Zweig kommen. Das widerspricht meinem Menschenbild." Man hält Laumann nicht für einen „Linken", wenn er das sagt. Vielmehr trifft Laumann vor Ort auf ein CDU-Mitglieder-Klientel, das auch nicht großbürgerlich ist. Die CDU als Partei der kleinen Leute, das war schon immer die unerkannte Stärke der Union. Laumann selbst hat einen Hauptschulabschluss und es bis nach oben geschafft. Das mögen die Leute nicht nur bei der SPD.

Die „taz" nennt die Laumann-Bewegung eine „Graswurzelrevolte". „Wir haben damit zur Re-Politisierung der Partei beigetragen", erklärte Laumann selbstbewusst der „Zeit". Sicher ist, dass die Mindestlohn-Frage von allen

Merkel'schen „Kehrtwenden" diejenige ist, die am meisten von der Mitte der Partei ausging und in der Breite mitgetragen wurde. Dabei überrascht vielleicht noch mehr als der Erfolg der erstaunlich laue innerparteiliche Gegenwind. Die traditionelle CDU-Basis, so scheint es, ist sozialen als manche Ordnungs- und Wirtschaftspolitiker in den Räten und Gremien das vermuten möchten. Vor allem konnte Laumann mit anderen zusammen noch einmal einen vorpolitischen Raum aktivieren, den viele schon im Dämmerschlaf wähnten. So kämpften die katholischen Sozialverbände Kolping und Katholische Arbeitnehmerschaft (KAB) an der Seite Laumanns. Der kernige CDU-Mann wird in der katholischen Kirche als Eigengewächs betrachtet. Er selbst ist lange im KAB aktiv gewesen, gründet jede seiner Reden auf die katholische Soziallehre und ist, wenn nötig, textsicher im Zitieren von entsprechenden päpstlichen Enzykliken oder auch bischöflichen Äußerungen. Laumann ist in dem Sinne der legitime Nachfolger Norbert Blüms.

Blüms Nachfolgerin im Amt, die CDU-Arbeitsministerin Ursula von der Leyen, huldigt auf dem Leipziger Parteitag dann auch dem neuen CDU-Arbeiterführer. „Wenn Beharrlichkeit einen Namen hat, dann ist es der von Karl-Josef Laumann. Karl-Josef, wir danken dir, dass du so stur und beharrlich geblieben bist." Und sie deutet an, dass sie selbst doch von anderer Art ist. „Ich habe vorhin die ganze Zeit gedacht: Wenn ich einmal 35 Jahre Mitglied in der CDU bin, dann hoffe ich, dass ich solch eine Statur wie Karl-Josef Laumann habe." Dahinter verbirgt sich die Frage, ob die CDU tatsächlich solche Laumann-Typen noch hervorbringt.

Merkel ist in ihrer Begründung nachdenklicher. „Niemand von uns will einen flächendeckenden gesetzli-

chen, einheitlichen, politisch festgelegten Mindestlohn",
postuliert sie noch einmal, um dann die Laumann'sche
Dialektik zu adaptieren. Die Tarifautonomie müsse
gestärkt werden, wo sie schwach sei, müsse geholfen
werden. „Deshalb sagen wir: Wir wollen dort eine Lohnuntergrenze, wo es keine Tarifverträge gibt. Wir wollen
nicht, dass Menschen ohne jeden rechtlichen Schutz leben." Dann fügt sie noch einen Grundsatz der Unions-
Gründerzeit an: Die CDU stehe für eine „Alternative
zum Marxismus", aber auch für eine Alternative „zur
Versumpfung des Kapitalismus" (Walter Eucken). In der
Folge der Finanz- und Wirtschaftskrise ist sozusagen damit auch programmatisch die neoliberale Blase in der
CDU geplatzt. Der Sozialflügel hat seinen Achtungs-
erfolg. Das passt der Parteivorsitzenden ins Konzept.
Bleibt nur der Schönheitsfehler, dass der Mindestlohn
von allen partei-programmatischen Veränderungen jene
ist, die noch nicht umgesetzt wurde. Ob das mit der
FDP im Wahljahr noch gelingt, ist fraglich.

Bei der Mindestlohn-Frage wird, anders als bei den anderen Modernisierungs-Themen, der Partei nicht nur etwas
zugemutet, es wird eine bestimmte Seite bedient. Wie
sehr die christlich-soziale Idee die Seele der Partei berührt und wie stark sie sozusagen zum emotionalen Reservoir der CDU gehört, konnte Merkel bei einem Festakt der CDA zum 75. Geburtstag von Norbert Blüm im
Oktober 2010 erleben. Blüm ist der Säulenheilige der Ar-
beitnehmerbewegung innerhalb der CDU und mit entsprechend viel Weihrauch wurde das Hochamt in der
Parteizentrale zelebriert. Es sprachen Laumann, Merkel
und der gerade frisch zum Kardinal gekürte Münchner
Erzbischof Reinhard Marx. Mit viel Pathos wurde der

christlich-soziale Impetus der CDU besungen. Blüm lieferte dazu in seiner unnachahmlichen und unkopierbaren Art eine geradezu klassenkämpferische Rede. „Marx ist tot, Jesus lebt", predigte er. Nach dem Untergang von Kommunismus und Kapitalismus habe nun die christlich-soziale Idee die Gunst der Stunde zu nutzen und die Gesellschaft menschlich zu gestalten. Merkel lässt sich davon sogar etwas anstecken und wirbt dafür, dass die katholische Soziallehre sich wieder mehr einmischen solle.

Mit Blüm tritt ein Politiker auf, der den Gründungsmythos der CDU beschwören kann. Es ist eine Erzählung, die vor allem auch auf das Durchbrechen alter ideologischer Barrieren rekurriert. Blüms „kommunistischer Onkel Adolf" muss dafür Pate stehen. „Auf den lasse er nichts kommen", erzählt Blüm, das Arbeiterkind aus dem Ruhrgebiet. Obwohl er sich mit Onkel Adolf bis zu dessen Lebensende scharfe Auseinandersetzungen geliefert habe und sich habe vorwerfen lassen müssen, dass er einem kapitalistisch-faschistischen System diene. Onkel Adolf aber habe in der Nazizeit mit den „Russenmädchen" in der Fabrik seine Essensration aus dem Henkelmann geteilt. Dafür sei er ins KZ gekommen. Verraten habe ihn ein Vorarbeiter. Der Üble sei ein frommes Kirchenvorstandsmitglied aus ausgerechnet jener Gemeinde gewesen, in der Blüm Messdiener war. Und nach dem Krieg habe der Verräter in der neuen Republik ungebremst Karriere gemacht. „Wer nun steht mehr in der Nachfolge Jesu, der Kommunist oder der Christ?", fragt Blüm. So können nur noch wenige in der CDU reden und erzählen. Wer Blüm hört, merkt, wie sehr die CDU sich verändert hat. Die Zeit der alten Männer ist vorbei.

Strukturen einer Großfamilie

Der Kreisverband – Heimathafen der Partei

Wenn die CDU eine Großfamilie ist, dann sind die Kreisverbände die Sippen, drunter gibt es noch die Ortsvereine und drüber die Bezirksverbände. Aber die Kreise sind mehr oder weniger doch die mächtigsten und auch die am stärksten Identität stiftenden Gliederungen. Ohne Kreisvorsitzende geht nichts. Meistens zumindest. Wer Bundestagskandidat wird oder Landtagskandidat, das bestimmt das Oberhaupt nicht allein, aber an ihm vorbei lässt sich das schwer bewerkstelligen. Meist liegt das Bundes- oder Landtagsmandat der jeweiligen Region sowieso in der Hand des Kreisvorsitzenden. Und wenn ein Kreisvorsitzender noch kein Abgeordneter ist, dann hat er diese Tätigkeit jahrelang ausgeübt. Zumindest aber muss ein Kreisvorsitzender eigentlich immer ein höheres Mandat erreichen wollen – ohne Machtbewusstsein funktioniert die Kanzlermaschine nicht. Nur Parteiarbeit, das verzeiht die Partei nicht lange. Rund 60 Prozent der 336 CDU-Kreisvorsitzenden sind Parlamentarier. Der Großteil davon hat ein Mandat auf der Landesebene. Rund 40 Prozent der Kreisvorsitzenden sind Landtagsabgeordnete, knapp 20 Prozent haben ein Bundestagsmandat. Dies zeigt die enge Verzahnung der

lokalen Parteiebene mit der politischen Entscheidungs-
ebene.

Kommunales Engagement gehört zudem bei vielen fast
wie eine Selbstverständlichkeit dazu. Einige Kreisvorsitzende sind sogar Bürgermeister oder Landrat, immerhin
knapp 10 Prozent. Ein geringer Teil von jeweils einem
halben Dutzend verbindet das Kreisvorsitzendenamt mit
einem Sitz im europäischen Parlament oder einem Regierungsamt. Ein paar Landesminister behalten ihren
Vorsitz in ihrem Heimatkreis, auch um den Basiskon-
takt – und den Einfluss an der Basis – nicht zu verlieren.
Und selbst wenn kein amtierender Bundesminister
mehr Kreisvorsitzender ist, so ist es doch häufig eine
Etappe in der jeweiligen politischen Karriere. Kristina
Schröder, Peter Altmaier und Roland Pofalla beispielsweise waren Kreisvorsitzende. Pofalla ist noch immer
Ehrenkreisvorsitzender seiner Heimatregion Kleve. Der
Kreisverband ist auch die Durchlaufstation, um partei-
liche Nestwärme zu tanken und natürlich, um erste
Durchsetzungsstärke zu demonstrieren.

Je nach Region ist die Bedeutung der Kreisverbände
unterschiedlich. Bisweilen ist der Bezirksvorsitz bedeu-
tender. Doch als Zwischengliederung zwischen den 17
Landesverbänden und den 336 Kreisverbänden haben
die 27 Bezirksverbände weniger eine institutionelle Kraft
und mehr eine repräsentative Bedeutung. Vor allem bei
der Listenaufstellung für die Wahlen fällt ihnen eine Aufgabe zu. Meist finden sich auch hier Mandatsträger oder
Regierungsmitglieder, besonders häufig Staatssekretäre,
an der Spitze. Beispielsweise wieder Kanzleramtsminister Ronald Pofalla, er steht nach wie vor – trotz oder wegen seiner Tätigkeit im Kanzleramt – an der Spitze des

Bezirksverbands Niederrhein. Auch Finanzstaatssekretär Steffen Kampeter oder Familienstaatssekretär Hermann Kues sind Bezirksvorsitzende ihrer jeweiligen Heimatregionen.

Damit zeigt sich schon, dass in der CDU mit dem Parteiamt möglichst auch politische Macht verbunden sein sollte, um dem Amt Zugkraft zu geben. Ein Kommunalmandat beziehungsweise Bürgermeisteramt – zumindest das Streben danach – ist geradezu Mindestvoraussetzung für das Amt des CDU-Kreisvorsitzenden. Die CDU praktiziert also geradezu das Gegenteil vom grünen Ideal, bei dem Amt und Mandat getrennt gehören. So wie früher auf dem Land auch kein armer Bauer Bürgermeister werden konnte und ein Schützenkönig auch was in den Taschen haben musste, so muss auch ein Sippenchef der CDU machtpolitisch „Lehm an den Füßen" haben, Hinterland mitbringen. Gern wird auch der Begriff der Hausmacht gebraucht.

Die CDU hat rund 356 Kreisverbände, sie bilden das Herz der Partei. Von Helmut Kohl heißt es, er habe die Namen der Vorsitzenden im Kopf gehabt – und von den wichtigsten – beziehungsweise auch von den kritischsten – auch die Telefonnummern. Zumindest waren sie alle in seinem berühmten Telefonheftchen verzeichnet. Dabei sind Wutausbrüche am Hörer genauso überliefert wie Belobigungen. Kohl wusste die Kreisvorsitzenden zu pflegen, mal nachtragend, mal mit freundlichen Einfangmanövern. Bei Angela Merkel sind es die Handynummern, manche von ihnen bekommen eine SMS der Vorsitzenden, das ist der Ritterschlag. So bindet die Landesherrin ihre Vasallen. Aber natürlich lässt sich auch umgekehrt Macht ausüben, in Deutschland war schon immer der Druck der Landesfürsten nach oben stärker, während es das politische Zentrum mit dem Druck nach unten nicht übertreiben durfte.

Als auf dem 25. Parteitag im Dezember 2012 Walter Arnold, Landtagsabgeordneter in Hessen und Vorsitzender des Kreisverbandes Fulda sowie Bezirksvorsitzender Osthessen, ans Rednerpult trat, brauchte er nicht unruhig zu sein. Längst hatte sich die Kanzlerin und Parteivorsitzende hinter sein Anliegen gestellt. Die ausführlichste und kontroverseste Debatte auf dem alljährlichen Familientreffen der Partei hatten er und sein Kreisverband angezettelt. Über die Gleichstellung der eingetragenen Lebenspartnerschaft mit der Ehe im Steuerrecht hatte die Parteiführung ursprünglich nicht reden wollen. Zu sensibel ist dieses Thema, zu divergierend sind dabei in der Union auch die Meinungen, als dass bei einem Parteitag, bei dem Schlagkräftigkeit und Stärke demonstriert werden sollte, ein solches Thema in die Strategie gepasst hätte. Doch es kam anders. Und tatsächlich wurde in der Diskussion am frühen Dienstagabend in der Woche vor Nikolaus 2012 in Hannover deutlich, welche Bandbreite an Sichtweisen, Meinungen und auch Lebensentwürfen die CDU in sich vereint.

Der Kreisverband Fulda formulierte im Sommer 2012 einen Antrag für den Bundesparteitag in Reaktion auf eine Initiative von 13 Bundestagsabgeordneten. Die Fuldaer Formulierungen waren durchaus pointiert. „Der CDU-Bundesparteitag wendet sich entschieden gegen jeden Versuch, die Förderung und steuerliche Privilegierung der von unserer Verfassung besonders geschützten Ehe und Familie zu schwächen". Eine steuerliche Gleichstellung der „Homo-Ehe" werde deshalb abgelehnt. Der Antrag kursierte dann durch die Parteigremien. Bei der

Präsidiumssitzung des Landesvorstands lag er aus, so berichten Teilnehmer. Darüber gesprochen wurde nicht. Der hessische Landesverband der Union gilt als konservativ, verbindet aber ganz unterschiedliche Richtungen. Im Präsidium sitzen der Fuldaer Kreisvorsitzende Arnold sowie der Bundestagsabgeordnete Matthias Zimmer, der zu den 13 Unterzeichnern des liberalen Aufrufs gehört. Außerdem kommt aus Hessen die Familienministerin Kristina Schröder, die die Formulierung geprägt hat, dass auch in gleichgeschlechtlichen Lebenspartnerschaften „konservative Werte" gelebt werden. Und schließlich sitzt auch der CDU-Fraktionsvorsitzende im hessischen Landtag, Christean Wagner, mit im Präsidium, der wiederum mit dem „Berliner Kreis" das konservative Profil der Partei stärken will.

Begonnen hatte es im Sommer 2012, als eine Runde von 13 Bundestagsabgeordneten mit einer Erklärung an die Presse gegangen war und die steuerliche Gleichstellung der eingetragenen Lebenspartner gefordert hatten. Die Gruppe, die später von Robin Alexander in der „Welt" als die „Wilde 13" betitelt wurde, setzte sich nicht in erster Linie aus bekennenden Homosexuellen zusammen, die nun für ihre Rechte kämpften. Vielmehr versammelten sich Familien- und Sozialpolitiker, um das eigentlich kleine Anliegen zu nutzen und Kurs und Charakter der Partei grundsätzlich mitzuprägen. In dem Aufruf heißt es: „Wir wollen anerkennen, dass sich Lebenspartner mit der eingetragenen Lebenspartnerschaft einen Rahmen für eine auf Dauer angelegte und auf gegenseitigem Vertrauen und Zuneigung gegründete Beziehung gegeben haben." Das ist deutlich mehr als eine rein steuerliche Frage. Natürlich geht es auch um die vermeintliche

Modernität der CDU und darum, was als konservativ zu gelten hat.

Wesentlich mitinitiiert hatte die Aktion die nordrhein-westfälische Bundestagsabgeordnete Elisabeth Winkel-meier-Becker. Sie ist CDU-Kreisvorsitzende im Rhein-Sieg-Kreis. Die Mutter von drei Kindern war lange Familienrichterin in Siegburg. Frauen- und Familienpoli-tik ist ihr Schwerpunkt in Berlin, nachdem sie 2005 in den Bundestag eingezogen ist. Als „Frauen-Rebellin" ihrer Partei wird sie in den Medien bezeichnet. Dass die Bun-desregierung in Frauenfragen nicht genug geliefert habe, ist von ihr zu hören. So setzt sie sich ähnlich wie Ursula von der Leyen für eine verbindliche Frauenquote in Unter-nehmen ein. Doch sie agiert eben nicht im luftleeren Raum. Die Kreisvorsitzende und Bundestagsabgeordnete, die, wie es üblich ist, regelmäßig Bürgersprechstunden abhält, kann nicht politisch vorpreschen und sich damit gegen die Partei stellen. Dann wäre sie in ihrem Amt nicht unlängst bestätigt worden.

Die Initiative zur steuerlichen Gleichstellung der „Homo-Ehe" kam von einer Kreisvorsitzenden genauso wie die Gegenreaktion von einem Kreisvorsitzenden, kam. Es ist eine Debatte, die aus dem Herzen der Partei erwuchs. Das Thema mit Verfahrenstricks aus dem Par-teitag fernzuhalten, wäre unklug gewesen. Generalsekre-tär Gröhe konnte darauf setzten, dass wenn die Kreisver-bände so eine Debatte nach vorne bringen, dann passt es auch zur Partei als Ganzes.

Die CDU kann und muss so eine Bandbreite aushal-ten, muss auch zähes Ringen und ein gewisses Hin und Her ertragen. Es gab eine Szene im Bundestag im März 2012, da musste Winkelmeier-Becker diese Widersprüch-lichkeit ihrer Partei spontan verteidigen. Thema war die

Frauenquote. Auch dabei steht sie nicht bei der Mehrheit, kämpft aber um Veränderung in den Union. „In den vergangenen Wochen und Monaten gab es immer mehr Äußerungen, die ein Umdenken zeigten. Ich denke, das ist nicht das erste Thema, bei dem es zu einem Umdenken in meiner Fraktion kommt", erklärt sie. Jürgen Trittin von den Grünen konterte direkt während ihrer Rede im Bundestag mit dem spöttischen Zwischenruf „Das ist wahr! Da haben Sie recht!", um eben über das ständige „Umdenken" der Union zu lästern. Die CDU-Rednerin aber erklärte weiter: „Als Volkspartei, die zu sein wir für uns in Anspruch nehmen, steht uns das auch sehr gut an. Genau solche Prozesse brauchen wir manchmal. Da bin ich sehr stolz auf meine Partei."

Damit aus der Kontroverse wieder Gemeinsamkeit erwächst und die Kanzlermaschine sich nicht mit den Details aufhält, wurde der Fuldaer Antrag zwar von der Parteiführung gebilligt. Merkels positives Votum für das konservative Symbol war der Katalysator. Doch wurde zuvor die Fuldaer Formulierung durch die Redaktion des Generalsekretärs geschickt. In der Beschlussempfehlung der Antragskommission hieß es dann unter anderem: „Wir erkennen an, das auch in solchen Beziehungen Werte gelebt werden, die grundlegend für unsere Gesellschaft sind. Dies gilt auch für gleichgeschlechtliche Partnerschaften." Aus dem konservativen Aufschlag aus Fulda wurde nun zugleich ein Bekenntnis zu „Toleranz und gegen Diskriminierung". Zwei Drittel des Parteitags folgten dem. Die ganze Causa wurde so zum Musterbeispiel für CDU-eigenes Vielfaltsmanagement. Der Fuldaer Bundestagsabgeordnete Michael Brand hat dann wiederum die Umformulierung des Antrags zuhause verteidigen müssen. Nun wurde die Toleranzformel Teil der Argumentation: „Die Privilegierung von Ehe und Familie im Grundgesetz bedeutet nicht Diskriminierung von anderen Lebensformen, sondern Stärkung von Familie mit Kindern – ohne die auf Dauer keine Gesellschaft existieren kann", erklärte Brand. Damit hat die Partei eine Formel gefunden, die divergierenden Vorstellungen zusammenzubinden. Die Kreisverbände übernehmen die Mittlerrolle.

Die Kreisverbände sind in diesem Sinne so etwas wie die Politikschulen der Partei. Denn der Interessenausgleich und die Mehrheitsfindung für bestimmte Entscheidungen ereignen sich in meist recht heterogen zusammengesetzten Gremien. Da drückt der Schuh oft mehr auf der kommunalen Ebene. Nicht das Für oder Wider von Kernenergie spielt eine Rolle, sondern die Frage, ob die lokale Biogasanlage oder der Windpark durchsetzbar ist. Ein Kreisvorsitzender berichtet von Debatten über Großmastanlagen. Natürlich ist die CDU die Partei der klassischen Landwirtschaft, die Bauernpartei schlechthin, also wird auch den Landwirten beigestanden. Aber plötzlich gibt es auch in der CDU Stimmen gegen bestimmte Formen der industrialisierten Landwirtschaft. Ein Konflikt, der extrem belastend für die Union ist. Bei den Landtagswahlen in Niedersachsen haben die Grünen genau diesen wunden Punkt der CDU auszunutzen gewusst, Die CDU aber muss ausgleichen, statt polarisieren zu können.

Beim politischen Nachwuchs wird dies oft als mühselig empfunden. In den Kreisgeschäftsstellen heißt es, junge Kommunalpolitiker seien oft frustriert über die Politik, weil alles so wenig klar und einfach sei. Die für den

Nachwuchs verblüffende Erkenntnis: Es geht in der Politik nicht um Positionen, sondern um Probleme, nicht um Meinungen, sondern um Mittelwege. Einige Kreisverbände wollen jetzt verstärkt Schulungen anbieten, in denen die Politik der Machtmaschine erklärt wird. Es müsse eine „Repolitisierung der Politik" geben, erklärt ein Kreisgeschäftsführer – gegen die „Bürgerinitiativen-Demokratie". Das könne er aber nicht laut sagen, denn der grün-angehauchte Bürgerbeteiligungs-Hype grassiere überall. Es gebe eine verbreitete Meinung, Politik könne jeder machen, weil in der Demokratie schließlich jeder mitbestimme. Nur dass dann nicht jeder sich durchsetze und es immerzu nur Kompromisse gebe, das sorge für viel Frustration und Politikverdrossenheit. Die Politikverdrossenheit sei geradezu die Folge der Jeder-kann-seine-Meinung-sagen-Doktrin. Denn statt Meinungen seien inhaltliche Lösungen gefragt. Die Kreisverbände sind eine Kompromissmaschine. Die vielgescholtenen Parteifunktionäre wissen viel zu gut, mehr als die Seiteneinsteiger, dass du selten Recht bekommst, auch wenn du Recht hast. Politische Neulinge finden bisweilen schwer Zugang in diesen eingespielten Politikkosmos mit seiner Nomenklatura, seinen Sitten und Gewohnheiten. Nicht jeder kennt gleich zu Beginn die Sekretärin in der Kreisgeschäftsstelle, bei der man nicht nur immer einen Kaffee bekommt und sich in die aktuellen Fragen und Themen, aber auch Usancen und Sprachregelungen einweisen lassen kann. Oft ist die Kreisgeschäftsstelle der geheime Ort der Eingeweihten. Da kommt man nicht sofort dazwischen.

Die Kompromissmaschine Kreisverband funktioniert meist auch bei den Überraschungen, die aus Berlin über sie herniedergehen. Als die Energiewende von Merkel verkündet wurde, rumorte es an der Basis. Doch ganz gleich ob richtig oder falsch – die Revolution wird in den Kreisvorständen mehr oder weniger schnell wegmoderiert. Da spielt dann der Machtinstinkt bei den Mandatsträgern eine Rolle, der Pragmatismus der Lokalpolitiker und meist sorgen auch irgendwelche Eigeninteressen dafür, dass es neben der Kritik auch Zustimmung gibt. Interessanterweise hat es in den traditionell konservativen Gegenden wenig Widerspruch zum Atomausstieg gegeben, möglicherweise auch, weil viele Landwirte konkret vom Ausbau der erneuerbaren Energien stark profitiert haben.

Doch gerät die Kanzlermaschine ins Stottern, funktioniert der ganze Apparat nicht mehr. Nach den Wahlniederlagen in Baden-Württemberg, Nordrhein-Westfalen, Schleswig-Holstein und jetzt Niedersachsen breitet sich Krisenstimmung an der Basis und in den Gremien aus. Plötzlich ist das Moderieren und Ausgleichen sinnlos geworden, wenn die konkrete Gestaltungsmacht fehlt. Einmal im Jahr lädt Merkel die Kreisvorsitzenden in die Parteizentrale zum Gespräch ein. Da wird dann Dampf abgelassen. Mangelndes Profil oder mangelnder Zusammenhalt wurde da zuletzt beklagt. Nach dem letzten Treffen im Juni 2012 zitierte die „Welt" einen Kreisvorsitzenden mit seiner Klage über mangelnde Geschlossenheit der Partei. In Anlehnung an eine Jugendbuchreihe formulierte er: „TKKG hätten keinen Fall gelöst, wenn sie nicht zusammengehalten hätten." Doch diese Sehnsucht nach Zusammenhalt ist es, die es eben nicht zu einem irgendwie gearteten Aufstand kommen lässt. Kritische Stimmen bekommen in öffentlicher Sitzung von den Parteifreunden kaum Applaus, denn noch wichtiger als die offene Aussprache ist eben die Harmonie. Und das obwohl nach dem Rauswurf von Norbert Röttgen einige noch die Faust in der Tasche hatten.

Was die großen Räder angeht, sind die Kreisverbände im rein regierungspolitischen Sinne machtlos. Die CDU ist nicht basisdemokratisch. Zumindest meistens nicht. Auch das frustriert manchen. Der Bundestagsabgeordnete Wolfgang Bosbach hat wiederholt über die wachsende Kluft zwischen der Basis und den Parteiführungen geklagt. Es gebe zunehmend ein Vermittlungsproblem – gerade in Bezug auf die sogenannten Stammwähler. Dies sei, so ist in der Partei zu hören, nicht nur inhaltlich, sondern auch strukturell zu sehen. Die „Welt" zitiert Marc Henrichmann, CDU-Kreisvorsitzender in Coesfeld: „Ich nehme wahr, dass die Basis ein Stück weit rumort", sagte er bei der Kreisvorsitzendenkonferenz mit Merkel im Adenauer-Haus. Die Parteiführung verkenne, wie „explosiv" die Lage vor Ort sei. Dies erklärte er noch in der Ohnmachtsstimmung der verlorenen Landtagswahl in NRW in 2012. Aus dieser Stimmung kommen dann Wünsche nach einer veränderten Union. „Basisbeteiligung ist mir hoch und heilig", sagte Henrichmann. Der CDU-Landesverband in Düsseldorf hat als eine Konsequenz aus der Wahlniederlage nun ein teures Kommunikationsprogramm angeschafft, mit dem die ersehnte Mitgliederbeteiligung organisiert werden kann. CDU goes Piraten. Bei der Partei der „liquid democracy" lässt sich allerdings lernen, wie schwierig das ist, wenn alle ständig online sind und ständig mitreden. Macht wurde daraus bisher nicht. Das neue Programm aber soll nun die Online-Kommunikation zwischen Mitgliedern und Fraktionsträgern ermöglichen. Dabei können Mitglieder künftig über das System Anträge einbringen, Dokumente downloaden und auch in direkten Kontakt mit Ministern oder sogar der Bundeskanzlerin treten. Die Partei wolle so Themen früher erkennen, den Sachverstand der Basis besser nutzen und auch Mitglieder einbinden, die keine Funktion haben, erklärt der nordrhein-westfälische Generalsekretär Bodo Löttgen. Bis zu 1000 Mitglieder können gleichzeitig in dem neuen virtuellen Konferenzraum Platz nehmen. Jetzt soll ein neues Grundsatzprogramm bei der NRW-CDU erarbeitet werden. Mit Hilfe der Technik.

Den 54 NRW-Kreisvorsitzenden wurde das ambitionierte und teure Projekt vorgestellt, nicht alle, so ist zu hören, waren begeistert. Einige sehen ihre traditionellen Strukturen und Entscheidungsprozesse bedroht, andere glauben, dass der Erfolg der CDU nicht an solchen „Spielereien" hänge. Die Sehnsucht nach mehr Beteiligung und Debatte ist also in der CDU nicht die Krise selbst, sondern lediglich ein Krisensymptom. Das Bedürfnis nach Macht und Gestaltungsmöglichkeiten ist größer, das lässt sich in der Union gewiss nicht dauerhaft durch Internetkommunikation, Facebook und Twitter und Co., befriedigen. In Berlin hat die Landes-CDU vor der zurückliegenden Abgeordnetenhauswahl dazu aufgerufen, sich an der Abfassung des Wahlprogramms zu beteiligen. Das kommt zumindest medial gut an. Aber auch nun neu aufkommende Zukunftskonferenzen und Workshops in der CDU in NRW oder auch in Baden-Württemberg sind für die Kanzlermaschine letztlich eine Ersatzhandlung. Sublimation in der Opposition.

Das eigentliche Betätigungsfeld fehlt, das Regieren. Allerdings ist so eine Beschäftigungstherapie möglicherweise ein notwendiger Zeitvertreib, zumal er dem Bedürfnis und der Stimmung von manchem Mitglied entsprechen mag. Doch ähnlich wie die virtuellen Projekte der Bundespartei verändern sie (noch) nicht den Charakter der Partei. Mitmachen muss da doch immer noch mit echter Macht zu tun haben.

Die Regionalkonferenz: Sich kümmern

Bei den Regionalkonferenzen der CDU gibt es grob gesagt zwei Arten von Leuten, die sich zu Wort melden. Jene mit Fragen – und jene mit Parteiamt. Bei der zweiten Kategorie geht es um Ortsvorsitzende, Kreisvorsitzende, zumeist kleinere Funktionäre, die sich wünschen, durch ihr Statement von der Parteivorsitzenden wahrgenommen zu werden. Die erste Gruppe hat meist ganz konkrete Anliegen. Kittelschürze gegen Krawatte. Natürlich findet die zweite Gruppe die erste oft nervig.

Der Frau in der Kittelschürze an diesem Abend, am 15. Oktober 2012 bei der CDU-Regionalkonferenz in Potsdam, liegt das Thema Behindertensport am Herzen. Sie spricht von den Trainingshallen, vom Innenminister und von nötiger Hilfe. Merkel hört zu. Während der holprigen und umständlichen Ausführungen der mittelalten Dame scheinen die Herren auf dem Podium schon unter den Tisch verschwinden zu wollen. Mancher Gesichtsausdruck auch in den Reihen des Publikums macht Fremdschämen sichtbar. Merkel macht sich Notizen. Sie schaut konzentriert, als ob sie gerade dem Präsidenten der Europäischen Zentralbank lauscht. Als die

Frau im Publikum mit ihrer Rede endet und ein Aufatmen durch den Saal zu gehen scheint, blickt Merkel auf. Alle rechnen damit, dass nun das höfliche Abdrehen einsetzt, dass eine übliche und eingeübte Spule abläuft, die aktiviert wird, wenn es unangenehme Publikumsfragen zu bestehen gilt. „Eine Nachfrage", sagt Merkel aber.

Wer sich auf Basis-Kontakt einstellt, muss damit rechnen, dass sich nicht nur Gymnasiallehrer melden – und auch die können anstrengend sein. Merkel macht kein Ausweichmanöver. Sie erkundigt sich nach einem Detail, einem Datum. Die Bundesregierung soll irgendetwas beraten haben zum Thema, das die Fragestellerin beklagt. Dann setzt Merkel zur Antwort an. „Inklusion ist ein ganz wichtiges Thema", sagt sie in den Saal hinein. Da sei Innenminister Hans-Peter Friedrich (CSU) zuständig, dem werde sie umgehend von dem Problem berichten. Es geht wohl um Sporthallen für den Behindertensport und die entsprechende Förderung und Ausstattung. Merkel spricht ins Mikrophon: Sofort werde sie Generalsekretär Hermann Gröhe zu ihr runter schicken, der solle ihre Anschrift notieren, damit sie dann Auskunft über den weiteren Gang der Bemühungen erhalte. Gröhe lächelt freundlich. Er wird kurzerhand zu dem degradiert, was sein Name verheißt, zum Sekretär der Kanzlerin, der den Schriftverkehr übernimmt. In der Halle gibt es für den Auftritt Applaus. Die Hauptdarstellerin in dem Sozialdrama der Kanzlerin steht fest. Es ist die Frau mit der Kittelschürze – und natürlich Merkel selbst, die Kümmererin.

Die CDU soll die Kümmerpartei sein, das ist die Idee, die die Parteivorsitzende an diesem Abend bei der Potsdamer Regionalkonferenz vorstellt. Das praktiziert die

Linkspartei im Osten schon erfolgreich. Aber eigentlich ist es auch das Leitbild der CDU. Sich kümmern, Probleme lösen, dafür braucht es keine großen Programme. Und dann braucht es auch keinen programmatischen Streit. Die Partei braucht Zusammenhalt, der wird beschworen. Es gibt Bockwürstchen und Bier. Und zum Schluss singen alle in Potsdam das Deutschlandlied. Merkel singt mit, sie singt sowieso gerne.

Dafür sind die Regionalkonferenzen geschaffen worden, als ein Berührungspunkt von Spitze und Basis – unter Umgehung lästiger Gremien und Hierarchieebenen dazwischen. Wer die Soziologie der Partei studieren will, wer Personal und Gefühlslage kennenlernen möchte, der kann in der Metropolishalle im Filmpark Babelsberg an diesem Abend im Herbst 2012 die Akteure des CDU-Films gleichsam beim Casting durch die große Regisseurin beobachten – und erraten, was für ein Film daraus wird.

Potsdam ist natürlich nicht typisch für die ganze CDU. Vor dem Bundesparteitag im Dezember hatte die Partei wie inzwischen üblich verstreut übers ganze Land zu Regionalkonferenzen eingeladen. Düsseldorf, Fulda, Falingbostel, Ludwigshafen – alles typischer für die alte westdeutsche CDU als Babelsberg in Brandenburg im Osten ganz nah am äußersten Zipfel des alten Westberlin. Die Mauer war ein paar hundert Meter entfernt. Und so unterscheiden sich die Treffen teilweise in den Themen und in den Charakteren, aber nicht im „Setting" und in der generellen Stimmung: Vorne auf dem Podium sitzt die Vorsitzende mit den jeweiligen Landesfürsten vor einer großen blauen Wand. Rechts neben der Bühne stehen mannshohe rote Buchstaben: „CDU" – wie riesiges Spielzeug aus dem Turnraum eines Kindergartens. An den Seiten hängen eine Deutschlandflagge rechts und eine CDU-Fahne links. Die Kulisse sieht überall im Land gleich aus, sie zieht mit der Chefin durchs Land. In Potsdam hatte unter anderem Sachsens Ministerpräsident Stanislaw Tillich vorne Platz genommen, neben ihm Berlins CDU-Chef und Innensenator Frank Henkel, der etwas zu spät gekommen war und dafür einen Extrablick der Vorsitzenden erntete. Neben Angela Merkel saß Gröhe. Auch der etwas zurückhaltende sachsen-anhaltinische Ministerpräsident Rainer Hasseloff war da und der völlig unbekannte kommissarische CDU-Landeschef, Dieter Dombrowski, von Brandenburg, der als quasi Gastgeber die Begrüßungsworte an die mehreren Hundert Gäste richtete.

Die Lage der Union in Brandenburg ist desolat. Die Regierungsbeteiligung scheint in weiter Ferne zu liegen, die inneren Auseinandersetzungen treiben dafür immer neue Blüten. Zuletzt war die Fraktions- und Landesvorsitzende Saskia Ludewig zurückgetreten, da sie mit ihrer demonstrativ konservativen Haltung keinen Rückhalt mehr hatte. Auslöser war ein von ihr veröffentlichter Text in der als extrem rechts-konservativ geltenden Zeitung „Junge Freiheit". Ihr Förderer, der frühere Innensenator Jörg Schönbohm, hatte es schon seit einigen Jahren zu seinem persönlichen „Markenkern" gemacht, auf den schwindenden konservativen Gehalt der Union hinzuweisen, mal freundlich, mal aggressiv, bisweilen auch direkt gegen Merkel gerichtet. Doch ohne sichtbaren Erfolg für seinen Landesverband. Ludewig und Schönbohm sitzen auch in der Metropolis-Halle.

Wie schlecht es CDU-Landesverbänden bekommt, in der Opposition zu verharren, lässt sich in Berlin und

Brandenburg beobachten. Mühsam nur rekrutiert sich dann eine Partei- und Funktionärselite, die schlagkräftig wäre, Mehrheiten zu erlangen. Die CDU als Kanzlermaschine funktioniert ohne Machtperspektive kaum. Ludewig hatte versucht ihre politische Karriere auf Bundesebene fortzusetzen, indem sie sich für einen Bundestagswahlkreis bewarb. Ausgerechnet der auch überregional bekannten Katharina Reiche wollte sie den Wahlkreis abspenstig machen. Reiche ist Parlamentarische Staatssekretärin in Merkels Kabinett. An diesem Abend in Potsdam spart die Parteivorsitzende nicht mit Lob für Reiche, die natürlich auch anwesend ist. Wenige Tage später wurde über die Bundestagskandidatur entschieden. Reiche gewinnt.

Katharina Reiche war schon mal „Miss Bundestag", und sie war 2002 im Schattenkabinett von Kanzlerkandidat Edmund Stoiber (CSU) als Familienministerin vorgesehen. Damals gab es Proteste im konservativen Lager, die unverheiratete Reiche könne nicht die Familienpolitik der C-Partei repräsentieren. Der Kölner Kardinal Joachim Meisner nahm Reiche als Anlass, der CDU mal wieder das „C" abzusprechen. Angesichts der späteren tatsächlich verwirklichten Familienpolitik unter Ursula von der Leyen muten solche vergangenen Scharmützel geradezu grotesk an. Aber in der Tat ist die damalige Berufung Reiches eine Wegmarke in der Veränderung der Union. Und dies in ihrer ganzen Widersprüchlichkeit. Denn Reiche hat die Hochzeit inzwischen nachgeholt, Kinder bekommen und als Protestantin den Bau der katholischen Marienschulen in Potsdam unterstützt. Doch sie hat dann als Forschungspolitikerin für liberale Regelungen etwa in der Stammzellforschung plädiert und sich erneut den Ärger der Kirchen zugezogen. Merkel unterstützt sie. Auch weil Regierungsmitgliedschaft mehr zählt als die konservative Schaukämpfe.

Merkels Liebe für die Regionalkonferenzen rührt aus dem Jahre 2000, als sie mit diesem von Wolfgang Schäuble initiierten Mittel sich an der Funktionärsebene vorbei bei der Basis bekannt machen konnte – und schließlich auch dadurch zur Vorsitzenden gewählt wurde. Nun, in Potsdam tritt die inzwischen zur mächtigsten Frau der Welt gewandelte Merkel ans Rednerpult. Die Leute, die später vor die Kamera gezerrt werden, sagen, sie hätten mal die Kanzlerin „in echt" sehen wollen. Natürlich überdeckt die Kanzlerin die Parteivorsitzende nahezu total. Das war bei Kohl anders. Wie gefährlich das für die CDU ist, muss sich zeigen. Der designierte neue Landesvorsitzende der „märkischen CDU" steht aus der zehnten Reihe auf und meldet sich – und kann bei Merkel nur wenig Aufmerksamkeit erheischen. Die Regionalkonferenzen nivellieren die Parteistrukturen. Auch das schätzt Merkel. In der CDU gibt es große Funktionäre und kleine Funktionäre, wichtiger aber sind Regierungsmitglieder und Mandatsträger – und natürlich Basis und Wähler.

Die Art und Weise, wie Merkel auf den Regionalkonferenzen agiert, steht für ihre besondere Form der Parteiarbeit, die von Merkel nicht erfunden, aber intensiviert und kultiviert wurde. Der Autor Alexander Kissler kritisiert das Format als „pseudodemokratische Simulationsmaschine", das zur Politikverdrossenheit beitrage. Geradezu apokalyptische Szenarien malt er an die Wand. Der „Spiegel" hat bereits vor geraumer Zeit schon die Kritik an den Regionalkonferenzen zusammengetragen. Der hessische CDU-Bundestagsabgeordnete Klaus-Peter Willsch beschimpft sie als „Propagandainstrument". Dort werde „nicht mit gleich langen Spießen gekämpft", sagt Willsch. Es fehle die Legitimation, klagen andere. Merkels Erfolge stellen solche Argumente ins Abseits.

Der Nimbus der Regionalkonferenzen stammt aus der Zeit der großen Krise, als die Partei durch die Parteispendenaffäre am Abgrund stand. Schäuble erklärte dazu bei dem Essener Parteitag 2000: „Die Art, wie wir überall im Lande in Regionalkonferenzen und in jedem Ortsverband offen über Probleme und Neuanfang diskutiert haben, signalisiert einen neuen Aufbruch." Und er setzt hinzu wie zur Warnung: „Die Zeit der Hinterzimmer und der Strippenzieher geht zu Ende."

Bürgersprechstunde mit der letzten Reihe

Das vielleicht schönste Bild von Angela Merkel zeigt sie nicht mit Barack Obama oder François Hollande, auch nicht etwa auf einem roten Teppich oder in anderer Pose, sondern in einer Fischerhütte. 1990 macht sie Wahlkampf in ihrer neuen politischen Heimat auf der Insel Rügen. Dort besucht sie am 2. November 1990 die Fischer von Lobbe. Das Foto von dieser Szene ist wie ein Kunstwerk und vielfach gedruckt und ausgestellt worden. Die vier Fischer in Arbeitsklufft sehen müde aus. Die Sonne, die durch die dreckigen Scheiben ins Innere dringt, taucht die Szenerie wie in einem Vermeer-Gemälde in ein merkwürdig freundliches Licht. An den Wänden hängt das Ölzeug, ein Benzinkanister steht auf dem Boden. Die unbekannte Politikerin sitzt im Hintergrund, der Mann neben ihr schaut demonstrativ aus dem Fenster, ein anderer macht ein Nickerchen in der wohlverdienten Frühstückspause, die durch das Gespräch mit Merkel gestört wird. Im Vordergrund sitzt ein bärtiger Seemann mit Kippe zwischen den Fingern, der die missliche Lage seines Berufsstands zu erläutern scheint. Merkel mit weißer Bluse und Jeans-Rock lauscht aufmerksam.

So idyllisch, wie es dieses Bild vermittelt, ist Wahlkreisarbeit sicher nicht. Aber die Situation ist doch so etwas wie Grundaufstellung des politischen Engagements als Parlamentarier. Die CDU lebt besonders stark von dieser Konstellation des Wahlkreisabgeordneten, der vor Ort wie ein Fischer nach Wählerstimmen und auch ein Inspektor der großen Politik alle Lebensbereiche durchforstet und betrachtet, Probleme und Sorgen gleichsam aufsammelt und nach Berlin trägt. Bundestagsabgeordnete besuchen in ihren Heimatregionen Krankenhäuser und Autofabriken, Fischer und Bäcker, Behindertenheime und Schulen, Feuerwehrfeste und Jahrmärkte, Kirchen und Moscheen. Sie durchdringen das öffentliche und soziale Leben der Gesellschaft gleichsam als seien sie für alles zuständig. Die Kehrseite dieser Doppelexistenz ist dann das Berliner Parkett, dort spielen diese Abgeordneten dann keine Rolle, vielleicht sind sie Sprecher für einen kleinen Politikbereich, der aber für die Probleme im Wahlkreis keine Rolle spielt. Manchmal sind diese Wahlkreisabgeordnete aber auch Minister oder sogar Bundeskanzlerin. Es ist eine Besonderheit des deutschen Politikbetriebs, dass auch Angela Merkel Abgeordnete ihres Wahlkreises bleibt – die Basis ihrer politischen Existenz. Merkel ist zuständig für Deutschland, Europa, die Welt – und Rügen.

Das deutsche Wahlrecht kennt auf der Bundesebene und auch in vielen Landesverfassungen die Erst- und die Zweitstimme. Durch die erste Stimme wird ein Abgeordneter mit der Mehrheit der Stimmen direkt ins Parlament gesandt, unabhängig davon, wie seine Partei mit der Zweistimme abgeschnitten hat. Die Union hat auf Bundesebene oft die meisten direkt gewählten Abgeordneten gestellt. Bei der Bundestagwahl 2009 waren es nahezu drei Mal so viele wie die SPD erringen konnte. 173 von 299 Direktmandaten gingen an die CDU. Zusammen mit den 45 Direktmandaten der CSU liegen 72 Prozent der Wahlkreise in Unionshand. Bei den Wahlen 1998 und 2002, die die SPD gewonnen hat, rutschte die Union bei den Direktmandaten ab. Dennoch sind CDU und CSU mehr als alle anderen Parteien geprägt von den direkt gewählten Abgeordneten.

Diese Parlamentarier sind natürlich wie die über die Liste ins Parlament eingezogenen Abgeordneten von der Partei abhängig, sind Teil der Partei. Und doch existiert eine unausgesprochene Hierarchie in der Unions-Fraktion des Bundestages. Der direkt gewählte Abgeordnete hat eine ganz eigene Legitimation und Autorität, zumindest hat er so etwas wie eine Aura. Er ist ein wenig wie ein Landesfürst, der seine Region mit ihren Eigenheiten und Besonderheiten repräsentiert.

Daraus erwächst für die Union ein Vorteil. Der Wahlkreisabgeordnete wirkt auch in die Partei hinein mit eigener Machtausstattung, zumindest mit eigenem Selbstbewusstsein. Seit 1972 etwa saß Manfred Carstens im Bundestag. Der Cloppenburger Abgeordnete hat in Bonn und später in Berlin Karriere gemacht. In drei Ministerien hat er als Parlamentarischer Staatssekretär gedient. Als Haushaltspolitiker und später Vorsitzender des Haushaltsausschusses war er ein gefragter Mann im parlamentarischen Betrieb. Zudem war der Katholik aus dem Süd-Oldenburgischen eine bekannte konservative Stimme im Unions-Konzert. Von 1985 bis 2009, also 24 Jahre lang, war er Vorsitzender des CDU-Landesverbandes Oldenburg und somit in der niedersächsischen CDU eine einflussreiche Person. Mit einem Traumergebnis von 62,2 Prozent der Stimmen hat er zuletzt 2002 seinen Wahlkreis gewonnen. Es ist der Wahlkreis, der regelmäßig auch bei den Zweitstimmen das bundesweit beste Ergebnis für die ganze CDU holt. Machtbasis von Carstens war dieser Wahlkreis. Bei der Bundestagswahl 2005 kandidierte der damals 62-Jährige nicht erneut. Besser gesagt: Nach 33 Jahren wollten auch die treuen Cloppenburger und Vechteraner mal ein neues Gesicht und stellten statt Carstens den Landwirt Franz-Josef Holzenkamp auf. Ähnlich erging es etwa 2012 dem CSU-Politiker Norbert Geis, der bei der Nominierungsversammlung durchfiel und gegen seinen Willen einem jüngeren Gesicht Platz machen musste.

Wie Carstens ergeht es manchen Abgeordneten, die mit Macht in der Regierung ausgestattet sind. Sie verlieren den Wahlkreis aus dem Blick bzw. es scheint den Parteifreunden vor Ort bisweilen so, als verlören sie die Bodenhaftung. Da kann einer Minister in der Hauptstadt sein, aber vor Ort wird er gefragt, warum die Umgehungsstraße noch nicht fertig ist und warum er das denn nicht mal eben in Berlin klären könne. Der Wahlkreisabgeordnete ist vor Ort Mädchen für alles und die Bürgersprechstunden der Abgeordneten werden zu einer Art Notfallpraxis für die Sorgen des Alltags. Der Hinterbänkler in Berlin kann vor Ort die hoch geschätzte Größe sein – und umgekehrt kann der Staatssekretär, der sich bei den Schützenfesten nicht mehr blicken lässt, in der Heimat fallen gelassen werden, weil man ihn nicht mehr für die gebührende Vertretung der Region hält.

Wer auf der Seite von „angela-merkel.de" im Internet nachschaut, wird überrascht sein, denn über die Bundeskanzlerin steht dort zunächst nichts. Dort gibt es die Links „Überzeugungen", „Termine" und „Mein Wahlkreis". Noch immer ist die mächtigste Frau der Welt im Bundestag Vertreterin für Rügen, die Hansestadt Stralsund und den Landkreis Nordvorpommern. Auf der Homepage finden sich keine Bilder mit Fischern mehr, aber vermerkt wird, dass die Abgeordnete Merkel das „Niederdeutsche Bibelzentrum" in Barth besucht und mit Schülern des Katharina-von-Hagenow-Gymnasiums diskutiert hat. Außerdem wurde noch die Firma „Scan-Haus" in Marlow besichtigt. Allerdings stammen die jüngsten Bilder aus dem Jahr 2008. Im Wahljahr 2013 werden wohl wieder neue hinzukommen.

Die Existenz als Wahlkreisabgeordneter ist der Grundmodus eines CDU-Politikers. Und die meisten vergessen diesen Lebensnerv ihres politischen Daseins auch nicht. Da muss schon mal ein Minister zwischen Kabinettssitzung und Auslandsreise schnell die Besuchergruppe aus der Heimat begrüßen. Für die Landfrauen müssen dann halt die Staatsgäste warten, denn ohne Wahlkreis keine Macht in Berlin. Der Verteidigungsminister verrät auf seiner Homepage zunächst nichts über seine Tätigkeiten in der Regierung. Dort steht: „Thomas de Maizière für Meißen und Sachsen im Bundestag" und als wichtigste Information erscheint der Neuzuschnitt der Wahlkreises.

Die Familienpolitikerin Elisabeth Winkelmeier-Becker informiert auf ihrer Internetseite über die Fluglärmproblematik im Rhein-Sieg-Kreis. Das bewegt die Leute vor Ort. Selbst die ehemalige Bildungsministerin Annette Schavan war als Ministerin auch Lokalpolitikerin und erklärte, als Abgeordnete für den Alb-Donau-Kreis sei es ihr Ziel, den „Ausbau unserer Verkehrswege voranzutreiben". Die Familienministerin Kristina Schröder ist Abgeordnete für Wiesbaden. Da geht es dann nicht nur um Frauenförderung und Elternmonate. Um der Rolle als regionales Aushängeschild gerecht zu werden, nehme sie „gerne" Schirmherrschaften an, preist sich Schröder auf ihrer Internetseite an. Das führt dann dazu, dass sie Schirmherrin des „10. Jubiläumskerbs der Kerbedotzis" ist, eines großen lokalen Volksfestes, genauso wie beim Ball der Aids-Hilfe Wiesbaden oder beim Jubiläum der August-Hermann-Francke-Schule.

Merkels eigentliche Heimat ist die Uckermark. In Templin ist sie aufgewachsen und zur Schule gegangen, dort leitete ihr Vater das Predigerseminar der evangelischen Kirche. Doch dort ist Merkel politisch gesehen nach der Wiedervereinigung nicht heimisch geworden. Sie konnte sich nach der Wende in der Landes-CDU in Brandenburg nicht durchsetzen. Der Wahlkreis ihrer Heimat war lange in der Hand von Markus Meckel, Urgestein der ostdeutschen Sozialdemokratie, Außenminister der ersten freigewählten Regierung der DDR 1990. Bei den Bundestagswahlen 2002 tritt für die CDU gegen Meckel der 25-jährige Jurist Henryk Wichmann an. Wichmann ist sozusagen ein Paradebeispiel für eine politische Karriere in der CDU, wenngleich unter den für die Union besonders widrigen Umständen in der Gegend nordöstlich von Berlin, unweit der polnischen Grenze. Der Dokumentarfilmer Andreas Dresen hat

Wichmann bei seinem Wahlkampf 2002 begleitet. Entstanden ist ein verblüffendes wie schonungsloses Erklärstück über die gewöhnliche politische Kärrnerarbeit, ein Porträt des politischen Alltags in der Provinz.

Wichmann stellt an zugigen Ecken und leeren Straßenkreuzungen seinen CDU-Sonnenschirm auf, der oft einsam neben dem Kandidaten steht und bisweilen umgestoßen wird. Es könnte eine Loriot-Szene sein. Wichmann geht unerschrocken mit Borschüren und Kugelschreiber bewaffnet auf die Passanten los, kämpft um Aufmerksamkeit. Die Dialoge sind beredte Zeugnisse davon, wie groß die Entfernung der wirklichen Politik ist von dem, was die Menschen dafür halten oder wofür sie sich interessieren. „Kulis nehmen sie immer", ist Wichmanns ernüchtertes Resümee. Er besucht Schulen und Unternehmen, Altenheime und Podiumsdiskussionen. Mal ist er polemisch, mal einfühlsam. „Es muss sich was ändern", sagt er immer. Und: „Ich will frischen Wind in die Politik bringen", die Floskeln wirken dünn und kommen doch an. Dann schimpft er auf die Grünen, weil zu viel Umweltschutz die Schaffung von Arbeitsplätzen verhindere. Doch das ist schon mächtig viel Inhalt für die meisten Bürgersteigs-Gespräche. „Hauptsache Gesundheit", gibt er den Leute oft noch mit auf den Weg. Das finden alle gut. Im Altenheim klagen die meisten über die Einsamkeit. Wichmann hört zu und nickt. Seelsorger muss der Politiker auch noch spielen. „Der Meckel lässt sich bei uns nie sehen", sagt einer. Das sollte Wichmanns Pluspunkt werden. Das ganze Altenheim lädt er nach Berlin ein, wenn er in den Bundestag kommt. Da lachen alle. Wichmann hat den Erststimmenanteil für die CDU von 21 Prozent auf 22 Prozent steigern können. Das war immer noch halb so viel wie Meckel erringen konnte.

Wichmann, der seit 1994 Mitglied der CDU und der Jungen Union ist, hat nicht aufgegeben. 2009 kandidierte er für den brandenburgischen Landtag – und verlor erneut. Statt mit einem Direktmandat ist er dann als Nachrücker über die Landesliste ins Parlament eingezogen, nachdem der CDU-Politiker Christian Ehler sein Mandat aufgab. Zehn Jahre nach dem ersten Film hat Andreas Dresen einen zweiten Film gedreht. „Herr Wichmann aus der dritten Reihe". Beworben wird der Film mit dem Satz: „Wichmann geht am liebsten dorthin, wo es am meisten weh tut. An die Basis." Das Porträt zeigt den Abgeordneten an fehlenden Bahnstrecken, bei munteren Seniorentanzgruppen und im Landtag bei Abstimmungen, die der Hinterbänkler wegen des Spielens mit dem Handy fast verpasst.

„Ich bin kein virtueller Abgeordneter, sondern jeden Tag draußen unterwegs", sagt Wichmann. Seit 1998 sitzt er auch im Kreistag, ist seit 2008 Vorsitzender des Jugendhilfeausschusses sowie stellvertretender Vorsitzender des Verwaltungsrates der Sparkasse Uckermark. Außerdem ist Wichmann Mitglied im Vorstand der Bürgerstiftung der Sparkasse. So wie er praktizieren viele Abgeordnete in ganz Deutschland ihr politisches Geschäft. Der Wahlkreisabgeordnete ist nicht nur Politiker im Bundestag. Vielmehr sitzt er wie eine Spinne auf dem öffentlichen Leben seiner Region: Kirchenvorstand, Schützenverein, Sparkassenaufsichtsgremium und kommunales Mandat, dazu noch ein paar Vereine, Initiativen Schirmherrschaften. Doch dieses Ideal des allseits vernetzten und präsenten Abgeordneten bröckelt mächtig. Zum einen mag nicht jeder in Altersheimen und Kirchengremien seine Freizeit verbringen und immer wieder eine Politik verteidigen müssen, die er nur zu einem geringen Teil selbst verantwortet. Zum anderen sind die Lebensmodelle so, dass eine derartige Aufopferung auch an Wochenende in die heutigen Familienkonstellationen nicht mehr so leicht passen mag. Darin liegt eine große Gefahr für die CDU.

Die Stärke der CDU war immer auch ihre Verzahnung mit dem vorpolitischen Raum, doch gerade diese verschwindet. Dies liegt nicht nur an wegbrechenden Milieus, sondern schlicht auch am mehr und mehr schwindenden Einsatzwillen der Nachwuchspolitiker bzw. deren bisweilen andere Herangehensweise an das politische Geschäft. Nicht jeder smarte Junge-Union-Aktivist fühlt sich noch berufen, im Vorort Klinken zu putzen. Auch nicht jeder Lehrer, der gerne in den Stadtrat will, hat den Wunsch, auf dem Markt zu stehen und fürs Zettelverteilen belächelt zu werden. Ganz zu schweigen von den Gremiensitzungen, die nicht mehr so beliebt sind wie sie es früher vielleicht einmal waren. Es gibt eine Krise des klassischen politischen Engagements. Die Parteizentrale hat das Problem erkannt und deswegen unter anderem eine Broschüre aufgelegt, die den hochtrabenden Titel trägt: „Projekt Netzwerk. Leitfaden zum Dialog mit gesellschaftlichen Gruppen."

Die Handreichung liest sich, wie wenn man den Löwen wieder das Jagen beibringen müsste. Es mutet ein wenig absurd an, wenn via Bundesgeschäftsstelle erklärt wird, dass in den ländlichen Gebieten es wichtig und sinnvoll sei, etwa zu Kirchen, Caritas-Gruppen, den Pfadfindern oder dem örtlichen Roten Kreuz, aber auch zu Unternehmern und Bürgerinitiativen Kontakt zu suchen. Genauso ließe sich sagen, wer sich für Politik interessiert, sollte hin und wieder eine Zeitung lesen oder die „Tagesschau" ansehen. Es scheint so, dass demokratisches Engagement in den verfassten Strukturen von Parteien und Parlamenten wieder neu gelernt und eingeübt werden muss. In der Broschüre heißt es: „Wer gut vernetzt ist, weiß, wo vor Ort der Schuh drückt und kann dieses Wissen in die politische Arbeit einfließen lassen." Die Erkenntnis ist zwar banal, zugleich ist sie möglicherweise aber auch nicht mehr verbreitet. Politik hat mit Zuhören zu tun, wie anstrengend das ist, führen die Wichmann-Filme vor Augen.

Die Netzwerk-Broschüre der Parteizentrale versucht wieder Verständnis zu wecken für den Bürgerdialog. Die Politiker müssen wieder an die Basis geführt werden, so scheint es: „Die Menschen wollen mitdiskutieren und eingebunden werden", heißt es darin. „Das Prinzip einer Partei als ‚geschlossene Gesellschaft', einer nur für Mitglieder zugänglichen ‚Trutzburg', hat sich überholt – wenn es überhaupt jemals richtig war. Deshalb müssen wir den Dialog mit den eigenen Mitgliedern, aber auch mit den gesellschaftlichen Gruppen verstärken, um den Wünschen nach mehr Teilhabe unserer potenziellen Wählerinnen und Wähler Rechnung zu tragen."

Die Logik der Parteitage

Der jährlich stattfindende Bundesparteitag ist das Hauptfest, der kalendarische Höhepunkt, das Pontifikalhochamt der CDU, um es katholisch auszudrücken. (Nur Wahlen sind wichtiger.) Es geht um Hochgefühl und Geschlossenheit, Inszenierung Einzelner, aber auch aller gemeinsam, es geht um Selbstvergewisserung und Selbstbetrachtung. Nicht nur außen wirken, sondern auch nach innen. Dabei macht die zunehmenden Eventi-sierung auch vor der CDU nicht Halt. Von üppiger Büh-nengestaltung bis zu fröhlichen Feierabenden reichen die Beigaben, die dafür sorgen sollen, dass den rund 1000 Delegierten das Politik-Ereignis in guter Erinne-rung bleibt.

Selbstverständlich gehört die ausführliche inhalt-liche Debatte zu einem Parteitag. Doch für die CDU ist das meist nicht so dramatisch und existenziell, wie bei anderen Parteien. Der Bremer Parteitag 1988, bei dem Helmut Kohl beinahe zur Fall gebracht worden wäre, ist eine Ausnahme. Meist ist der Parteitag nicht das Ak-tionsfeld der Auseinandersetzung. Beim legendären Leipziger (Oppositions-)Parteitag 2003 hatte die CDU be-schlossen, sich zur marktorientierten Reformpartei wan-deln zu wollen. Geschlossenheit war wichtiger als alles andere. Allein Norbert Blüm gab den einsamen Rufer ge-gen die von Merkel und anderen verordnete Linie. Beim Leipziger (Regierungs-)Parteitag 2011 wurden teilweise kontrovers über Mindestlohn und Frauenquote gerun-gen, doch alles blieb in einem gesitteten abgesteckten Rahmen. Die Sehnsucht nach Ruhe und Harmonie tei-len alle, von der Vorsitzenden bis zur Jung-Delegierten.

Die Medien kennen bei der Beurteilung eines Parteitags vor allem zwei Kategorien. Die eine heißt Grabesruhe und die andere Streit. Die Parteitagsregie nun versucht, zwischen beidem hindurchzusegeln. Der letzte Parteitag war um 12.14 Uhr zu Ende, rund zwei Stunden früher als geplant. Morgens hatte noch nichts weniger als die Verabschiedung des wirtschaftspolitischen Leitantrags auf der Tagungsordnung gestanden. Doch die ausführ-liche Debatte dazu fiel aus. Das 294 Seiten starke Antragsbuch war vorher durchgearbeitet worden. Darin hatten sich die Kreisverbände bereits ausführlich und bis in einzelne Formulierungen und Wörter hinein mit der Vorlage der Parteispitze auseinandergesetzt. Zudem waren eigene Anträge erörtert und verabschiedet worden. Dabei hatte die Junge Union sich unter anderem um die Helmpflicht für Radfahrer gesorgt und der hessische Landesverband für einen Gedenktag für Flucht und Vertreibung geworben. Altersarmut, Energiewende, Lebensschutz und „Homo-Ehe" waren schon Themen gewesen. Dieser Morgen sollte schnell zu Ende gehen. Die CDU schließt ihre Parteitage, und sind sie noch so schön, gerne früher. Das gilt nicht als Beleg für mangelnde Debattenfreude, sondern als Beleg straffen und effizienten Arbeitens. Horst Seehofer lieferte noch eine Lobadresse. Dann Merkels Schlusswort. Nationalhymne singen. Und Schluss. Zurück an die Arbeit.

Merkels Satz nach ihrer Wiederwahl zur Parteivorsitzenden im Dezember 2012 in Leipzig war dafür bezeichnend. „Ran an den Speck. Wir haben noch viel vor." In ihrem Umfeld heißt es, diese Wendung gebrauche sie häufiger. Vielleicht ist der etwas ruppige Satz auch so etwas wie ein Abwehrreflex vor zu viel Sentimentalität. Mit nahezu 98 Prozent war Merkel im Amt bestätigt worden. Es war eine überraschend deutliche Sympathiebeugung der Delegierten für die doch immer noch als ungeliebt geltende Parteivorsitzende. Einige auf der Präsidiumsbank wollen sogar eine Träne gesehen haben. Sie selbst habe im Nachhinein in kleiner Runde bestätigt, doch bewegt gewesen zu sein. Merkel hat bisher – ganz anders als Kohl – nie auf die emotionale Karte gesetzt, etwa auf eine gefühlige Verbundenheit mit der Partei vertraut. Sie wusste zu genau, dass sie die JU-Kinderstube nicht würde nachholen können. Ihre Rede in Hannover 2012 war besonders unambitioniert – Merkel-Standard. Die Partei hat es ihr nachgesehen, ihr eine Art Zuneigung entgegengebracht, die schlicht der Merkel, wie sie ist, galt: Einer CDU-Kanzlerin, die so unumstritten und unangefochten in der politischen Landschaft steht, dass der Parteitag sie einfachen lieben musste.

Die Logik des Parteitages ist also streng machtorientiert, was nicht heißt, dass nicht am Rande solch eines Familientreffens noch vieles andere passiert, Freundschaften geschlossen, Karrieren angebahnt werden, inhaltliche Projekte geboren oder beerdigt werden und tektonische Verschiebungen im programmatischen Gefüge der Partei sich anbahnen, sich eruptiv ereignen – oder auch nicht. Parteitage sind auch ein Turnierplatz, wo jeder sich zur Schau stellt. Dabei gibt es neben der Arena mit dem Rednerpult auch noch die Hallen mit den Ständen und Angeboten der zahlreichen Gliederungen der Partei, mit Werbung von den Verbänden und Interessengruppen. Nicht zuletzt präsentieren sich im Umfeld des Parteitagsplenums auch Unternehmen und Wirtschaftsverbände mit größeren und kleineren Auftritten. Wichtig auch der Pressebereich: Wer dort Zutritt hat, kann mit Journalisten plaudern, Kontakte knüpfen, Interviews geben – und noch wichtiger Interpretationshilfe geben bei der Deutung der Kanzlerrede. Parteitage sind also eine Politik-Kirmes, bei der sich das Karussell des Partei-Betriebs mal schneller dreht.

Und manchmal wird dem Parteitag auch deutlich gemacht, wie relativ seine Macht ist. Der wiedererstarkte Sozialflügel der Partei hatte im Dezember 2012 auf dem Parteitag in Hannover mit Mühen durchgesetzt,

dass es bei den sogenannten „Mütterrenten" eine Ver-
besserung geben sollte. Dabei geht es um jene Mütter,
die vor 1992 Kinder bekommen haben. Als ungerecht
wird empfunden, dass dieser willkürliche Stichtag ältere
Mütter benachteiligt. Vor allem der Frauen Union (FU)
war das Thema ein Herzensanliegen. Bereits mehrere
Parteitage hatten sich damit beschäftigt. Kritiker hatten
bemängelt, dass hier eine nachholende Sozialpolitik
stattfinden würde. Dies sei angesichts knapper Kassen
nicht sinnvoll. Wenn Geld zu verteilen sei, sollten dies
besser Mütter bekommen, die noch in der Familienphase stecken würden.

FU-Vorsitzende Maria Böhmer hat zusammen mit
anderen Unions-Frauen der Parteiführung in Hannover
eine Beschlussvorlage abgerungen, die abermals eine
Besserstellung der betroffenen Frauen in der Rentenbe-
rechnung in Aussicht stellte. Der Parteitag hat folgenden
schwammigen Wortlaut verabschiedet: „Wir wollen die
Anerkennung von Kindererziehungszeiten in der Rente
für Mütter, deren Kinder vor 1992 geboren sind, verbessern. Dabei können wir im Hinblick auf die Notwendigkeit der weiteren Haushaltskonsolidierung nur
schrittweise vorgehen." Dieses „schrittweise" kam den
Befürwortern schon gefährlich vor. Dass der Beschluss
so schnell von der Tagespolitik unter Beschuss genommen wurde, hatte man sich vielleicht doch nicht vorstellen können. Kaum war der Parteitag beendet, ließ der Finanzminister Wolfgang Schäuble schon via „Bild"
wissen, dass er keine Aussicht auf Erfolg für das Ansinnen sehe. „Im Haushalt 2013 sehe ich zurzeit überhaupt
keinen Spielraum", erklärte Schäuble, obwohl der Parteitag noch von einer Umsetzung des Beschlusses im Wahljahr ausging. Es gab etwas Unruhe um Schäuble. „Der

Bundesfinanzminister beschädigt mit seiner ablehnenden Haltung die Glaubwürdigkeit der CDU in der Rentenpolitik", tönte es aus der CDU. Doch letztlich ließ man ihn gewähren. Der erfahrene Parteipolitiker Schäuble weiß, wie weit er gehen kann. Und in der Partei weiß man, dass ein Minister wichtiger ist als ein Parteitagsbeschluss. Vielleicht kommt den Frauen-Funktionärinnen der Wahlkampf zur Hilfe. Ältere Frauen, das sind die Top-Zielgruppe der Union. Die fragen an den Wahlkampfständen in den Fußgängerzonen nach. Merkel hat schon angedeutet, dass man so ganz einfach diesmal nicht um einen Parteitagsbeschluss herumkommt.

Beiboote der Macht

Macht – der Schlüsselbegriff der CDU – wird gerne mit einem Zusatz verwendet. Es geht um Haus-Macht. Das beste Argument, die klügsten Ziele, der klarste Durchblick bei der Lösung der Probleme helfen nichts, wenn es dafür keine Mehrheiten gibt, im Vorstand oder auf dem Parteitag, in der Fraktion oder im Kabinett. Man braucht eine Hausmacht, um Mehrheiten zu erlangen, nur dann lassen sich die vielbeschworenen Inhalte oder gar Ideale auch durchsetzen. Die Vereinigungen der Partei, Sonderorganisationen, Arbeitskreise und Gruppen dienen, so ist die offizielle Lesart, der Repräsentation bestimmter Zielgruppen der Gesellschaft. Das ist natürlich auch richtig. Doch sind sie sozusagen auch Truppenteile, mit denen sich Feldherren eine Hausmacht organisieren können. Die SPD tickt da vom Grundsatz anders. Die „Flügel" und Organisationen repräsentieren Positionen und Denkanschauungen, die ihre Berechtigung haben und diese behaupten müssen. Vielleicht lässt sich formulieren, dass die SPD tendenziell mehr Selbstzweck ist als Mittel zum Zweck wie die CDU.

Die Armeen der CDU sind natürlich die Landesverbände und davon abgeleitet die Landesgruppen in der Bundestagsfraktion. Doch erheblich wendiger und sozusagen Divisionen auf dem Schlachtfeld der Macht sind eben diese Untergliederungen. Sie sind von ganz unterschiedlicher Schlagkraft und Gestalt. Die wichtigsten sind die schon erwähnte Frauen-Union und die Sozialausschüsse sowie die Wirtschaftsverbände. Außerdem gibt es unter den in der Satzung genannten Vereinigungen noch die Kommunalpolitische Vereinigung so wie die Senioren-Union und die Ost- und Mitteldeutsche Vereinigung. Schließlich gehört die Junge Union dazu. Sie hat dabei eine ganz eigene Rolle und Funktion.

In die Junge Union kann man mit 14 Jahren eintreten, bis zum 35. Lebensjahr darf man ihr angehören. Ihr gilt ein besonderes Augenmerk, da sich aus ihr viele spätere Berufspolitiker rekrutieren, sie für viele das Nest war, in dem christdemokratisches Urgefühl aufgebaut und politische Grundfähigkeiten erlernt wurden. Dass Angela Merkel diese JU-Kinderstube nicht genossen hat, wird sie aus Sicht der anderen nie kompensieren können. Die Freunde, die sich auf den JU-Partys gefunden haben, verlieren sich oft ein Leben lang nicht – und die Feinde auch nicht. Ganze CDU-Generationen lassen sich auf die jeweiligen JU-Konstellationen zurückführen. Und meist spiegeln sich die späteren Auseinandersetzungen in den Kämpfen von einst – nur mit Milchgesicht. Oft hört man: früher sei die JU Modernisierungsmotor gewesen, heute sei sie konservativer Frontposten. Ums Mitmischen ging es immer. Das ist nicht ungefährlich.

1998 schwingt sich der damalige JU-Chef Klaus Escher zum Kritiker Helmut Kohls auf. Er mahnt Veränderung an, fordert gar die Trennung von Parteivorsitz und Kanzleramt. In einem Focus-Interview entgegnet Kohl darauf, er solle doch gleich sagen, dass er ihn auch nicht mehr als Kanzler wolle. Escher legt nach. Sein Angriffsziel ist ausgerechnet die Wirtschaftspolitik. Die Jungen wollen marktwirtschaftliches Profil, schon damals machte das Wort von der sozialdemokratisierten CDU die Runde. Die traditionelle Form der Sozialpolitik setze zu stark auf Transferleistung, erklärte Escher in einem Fernsehinterview. Der Angriff geht gegen den langjährigen Arbeitsminister Norbert Blüm. In einem JU-Positionspapier erklärte Escher zusammen mit seiner Nachfolgerin im JU-Amt, Hildegard Müller, Blüm habe seine Glaubwürdigkeit verloren. Nach dem Verlust der Regierungsmacht in Bonn sollte ein neuer Bundesvorstand gewählt werden. Escher will, dass Blüm dem nicht mehr angehört. Stattdessen mehr Frauen, so die Forderung. Kohl schlägt zurück. Am Ende ist Blüm noch immer im Vorstand, Escher nicht mehr.

In seiner vorletzten Bundesvorstandssitzung als Parteichef im Herbst 1998 poltert Kohl direkt gegen Escher. In den nun veröffentlichten Protokollen ist der Konflikt nachzulesen – und auch dessen Härte. „Herr Escher, sie können da anderer Meinung sein", sagt Kohl. „Heute reden wir Tacheles." Dann führt er die Währung an, um die es geht. „Ich mag nicht hinnehmen, dass die Fragen der Vergangenheit, bei denen Sie keine Mehrheiten hatten, jetzt in Zusammenhang mit Norbert Blüm neu aufgeworfen werden." Dann lästert er über die Frauenquote in der Jungen Union. Schließlich appelliert er an den „menschlichen Umgang". Das ist der Trick, mit dem sich Kritik an Personen verunglimpfen lässt: „Ich mag nicht Ehrenvorsitzender einer Partei werden – um das ganz klar zu sagen –, bei der bei allen Gegensätzen in der Sache, und ich habe einen Haufen Gründe gegensätzlicher Meinung zu sein, das Grundverständnis des ‚C' – in diesem Fall beziehe ich mich darauf – im Umgang miteinander sozusagen untergepflügt wird." Das „C" wird hier zum finalen Rettungsschuss. Kohl setzt sich noch einmal – in dieser kleinen Auseinandersetzung – donnernd durch. Escher ist weg. Kohl allerdings alsbald auch.

Die Junge Union ist ein politisches Aufwärmbecken, im machtpolitischen Kräfteparallelogramm spielt sie immerhin eine kleine Rolle. Der „Spiegel" hat es mal „gemäßigte Aufmüpfigkeit" genannt, was von der Jugendorganisation erwartet werde. Das gelingt mal mehr, mal weniger. In einem Porträt des aktuellen Vorsitzenden Philipp Mißfelder wird dieser als so etwas wie das Gegenteil von Escher dargestellt. Keine inhaltlichen Ziele mehr – lediglich Machtstreben. Er habe nie gesagt, dass er die Welt verbessern wolle, soll Mißfelder laut „Spiegel" gesagt haben. Natürlich ist das eine überdehnte Darstellung. Dass es um Macht geht, wissen zu Recht auch die Jungen und nicht mehr ganz so Jungen in der Union. Und was genau einem die Zugänge zur Macht eröffnet und was nicht, ist eben nie klar.

Mißfelder hat der Jungen Union mit sogenannten konservativen Themen Profil verschafft. Aufsehen erregte er persönlich mit sozial-politischen Positionen, etwa der berüchtigten „Hüften"-Debatte aus dem Jahr 2003, als er in Zweifel zog, dass über 85-Jährigen auf Kosten der Solidargemeinschaft künstliche Hüftgelenke bekommen sollten. 2007 gründete er unter anderem zusammen mit Stefan Mappus und Markus Söder (CSU) die Einstein-Connection, damit wollte eine Riege von Jüngeren für mehr CDU-Profil sorgen. Doch die Initiative versank in der Bedeutungslosigkeit. Auch hat er dafür gesorgt, dass die Junge Union an das Leitbild Helmut Kohl früher als die Gesamtpartei wieder anknüpfte. Jüngst feierte die Jungendorganisation die Herausgabe einer Briefmarke mit dem Bild Kohls als ihren Erfolg. Auch gehörte Merkel-Kritik in den ersten Jahren zum Repertoire der Nachwuchseinheiten. Inzwischen hat die „Generation Angela" Einzug in der Jungen Union erhalten.

Beim Deutschlandtag 2012 in Rostock hat die Junge Union sich ein neues Grundsatzprogramm gegeben. Darin wurden ein paar „konservative" Pflöcke eingeschlagen. Bernhard Vogel, soll nach seinem Besuch bei den Jungen gesagt haben: die denken wirklich so, die sind anders als wir früher. Ausgerechnet der Jugendverband sprach sich gegen eine steuerliche Gleichstellung der gleichgeschlechtlichen Partnerschaft aus. Und das obwohl erklärtermaßen viele Schwule in der Jungen Union aktiv sind. Mißfelder, der auch schon mal den Papst verteidigt und den Zölibat katholischer Priester, trifft da mit seiner Linie auch auf Gegenwind. Heftige Debatten hat es darum gegeben, im Vorstand und in den Untergliederungen der JU. In der Diskussions-Plattform im Internet standen da plötzlich nüchtern-pragmatische Argumente einem Wunsch nach Tradition, Werten und Profil entgegen.

Es gibt Kritiker, die sagen, in der Jungen Union gebe es einen Kampf zwischen den Pragmatikern und den

Weltfremden. Vor allem aber seien im JU-Zoo Schnösel und Karrieristen auf dem Vormarsch, die jede Party einer inhaltlichen Debatte vorzögen. Doch möglicherweise gab es solche Lästereien schon immer. Der Chefredakteur der JU-Zeitung „Entscheidung", Nathanael Liminski, schreibt in seinem Editorial zum Deutschlandtag, die Junge Union treffe „in Zeiten zunehmender politischer Beliebigkeit klare programmatische Aussagen". Und Liminski schlussfolgert: „Das stiftet einen ganz besonderen Zusammenhalt." Was der Jungen Union vielleicht mehr als anderen Gliederungen der Partei nach wie vor gelingt, ist eine gewisse Emotionalisierung von Politik. Im Online-Shop des Verbandes wird wieder der JU-Toaster angeboten, der das Logo aufs Frühstücksbrot brennt. Ein Klassiker im Wahlkampfrepertoire war auch mal das schwarze Kondom mit der Aufschrift „Black is beautiful". Etwas überraschend ist allerdings doch, dass die Nachwuchs-Marktwirtschaftler auch ihr Grundsatzprogramm neben Fahnen und Broschüren online vertreiben. Kostenpunkt: 1,95 Euro.

Als Mißfelder seine Junge Union der Bundeskanzlerin vorstellte, die nach Rostock gekommen war, sagte er: „Die Junge Union ist die wichtigste Wahlkampfmaschine der Partei." Darauf können sich alle schnell einigen. Philipp Mißfelder wird die Rolle des JU-Chefs bald ablegen müssen. 2014 wird er 35 Jahre alt, dann muss er das junge Beiboot verlassen. In den Bundestag und in das Präsidium der Partei ist er bislang eingezogen, auch weil er das JU-Ticket ziehen konnte. Inzwischen ist er Vorsitzender des Auswärtigen Ausschusses und sucht sich damit neue Betätigungsfelder. Der Jungen Union ist er, auch privat als Familienvater, gewissermaßen schon entwachsen.

Neben den offiziellen Beibooten schwimmen noch die inoffiziellen. Es sind die Hinterzimmer der Macht, die kleinen Gruppen, Kreise und Zirkel, die Monaden der CDU, in denen das entsteht, was erst später, wenn es fertig ist, nach draußen dringen soll. Das berühmteste U-Boot der CDU war der sogenannte Andenpakt. Auf einer Reise des Bundesvorstands der Jungen Union 1979 nach Lateinamerika, unter dem Vorsitzenden und späteren Minister Matthias Wissmann, schworen sich einige junge Unions-Köpfe aus einer Whisky-Laune heraus ewige Treue, keinen der Paktmitglieder parteiintern zu bekämpfen und sich wenn möglich gegenseitig zu unterstützen. Auf einem Schmierpapier der Fluglinie wurde der Pakt besiegelt. „Mehr Ambiente in der Politik" sei das „Ziel" des Jung-Männerbundes gewesen, enthüllte der „Spiegel". Alles war so ganz ernst nicht gemeint – so die Legende. Sicher gründen sich in der Jungen Union und auch in der CDU unzählige solcher Runden. Wahrscheinlich ist es geradezu ein Charakteristikum, dass in einer großen Volkspartei sich die Sehnsucht nach kleinen vertrauten Einheiten in solch einer Zirkelbildung widerspiegelt. Es hat aber auch ganz entschieden damit zu tun, dass Politik als vergnügliche Freizeitbeschäftigung beginnt, die dann im Ernst des Lebens sich auch auszahlen soll. Die Kleingruppenbildung ist dabei nicht schädlich, sondern ganz im Gegenteil trägt sie zur Erhöhung der Bindekräfte bei. Weil es an einem Stammtisch gemütlicher zugeht als auf zugigen Parteitagen, ist die CDU auch eine Hinterzimmer –, eine Stammtisch-Partei. Wobei die große Zeit dieser Art Politik zu machen zu Ende geht. Vor allem scheinen Frauen sich mit diesen männlichen Ritualen nicht so sehr anfreunden zu können.

Der Andenpakt war der König unter diesen Kreisen, äußerst verschwiegen, ungeahnt mächtig – und im Kampf gefallen. Der besondere Mythos rührt aus zwei Dingen. Zum einen waren die Anden-Leute ungewöhnlich erfolgreich. Mehrere Ministerpräsidenten und Landesvorsitzende gingen aus ihm hervor, sogar ein Bundespräsident. Mit dem Fall von Christian Wulff ist der letzte Andino aus der allerersten Reihe abgetreten. Zuvor hatten unter anderem die Pakt-Mitglieder und Ministerpräsidenten Günther Oettinger Roland Koch und Peter Müller der Politik den Rücken gekehrt. Zu der Runde gehören auch noch der frühere Erste Bürgermeister Hamburgs, Ole von Beust, der heutige hessische Ministerpräsident Volker Bouffier sowie der frühere Unionsfraktionsvorsitzende Friedrich Merz. Neben dem Erfolg ist die Gegnerschaft zu Merkel Teil der Aura des Andenpakts geworden. Vielleicht war diese Gegnerschaft auch ein Bindemittel über die bestehenden Gegensätze hinweg. Der Andenpakt verkörperte die alte bundesrepublikanische Art Politik zu machen – diese wurde durch die deutsche Einheit im Allgemeinen und Angela Merkel im Besonderen gestört. Koch oder Wulff hätten Kanzler werden sollen, das ist letztlich das Einzige, was sie an Merkel gestört hat. „Wir haben sie unterschätzt", ist das Mantra, welches von den Mitgliedern zu hören ist. Insofern war der Andenpakt konservativ. In inhaltlichen Fragen galt das allerdings längst nicht für alle.

Es gibt wenige vergleichbare Zirkel, von deren Existenz etwas bekannt ist. Um die Landespolitiker Bernhard Vogel und Werner Remmers bildete sich in den 1970er-Jahren eine Runde, die vor allem mit den Namen der Initiatoren verbunden wurde. Auch ihre Mitglieder waren ungewöhnlich erfolgreich. Ihr Bindemittel war die katholische Kirche und das Engagement als Laien in dieser Kirche. Eine gewisse kritische Sicht in den 1980er-Jahren auf die Kanzlerschaft Kohls mag man auch zu den Gemeinsamkeiten zählen. Zu der Runde gehören der frühere Ministerpräsident Erwin Teufel und der frühere CSU-Fraktionschef im bayrischen Landtag Alois Glück, heute Vorsitzender des Zentralkomitees der deutschen Katholiken (ZdK). Der frühere Bundestagsabgeordnete und ZdK-Generalsekretär Friedrich Kronenburg ist einer der Mitbegründer. Später kooptiert wurden unter anderem Bundestagspräsident Norbert Lammert, die ehemalige Bundesbildungsministerin Annette Schavan und der frühere thüringische Ministerpräsident Dieter Althaus. Der Kreis trifft sich noch heute. Schon 1984 machte die Runde mit einem Buch auf sich aufmerksam. „Wie wir leben wollen", hieß die Streitschrift, welche die Modernisierung der CDU voranbringen sollte. Alois Glück schrieb über den Umweltschutz, Bernhard Vogel über Lebensschutz und Erwin Teufel über die „Lebenswelt Familie", indem er damals schon den Begriff der Wahlfreiheit einführte und Männer mehr an der Erziehungsarbeit beteiligen wollte. Inzwischen macht die Remmers-Vogel-Runde hauptsächlich durch innerkirchliche Initiativen auf sich aufmerksam und wird im engeren politischen Sinn nicht mehr wahrgenommen.

In welchen Runden heute still und heimlich über die Zeit nach Merkel räsoniert wird, ist selbstredend weitgehend unbekannt. Einige sagen, die Zeit der Zirkel sei vorbei. Es lässt sich aber auch mutmaßen, dass sich neue Vorfeld-Hinterhöfe der Macht mehr oder weniger unentdeckt bilden. Dem Bundesverband LSU – Lesben und Schwule in der Union – käme inzwischen eine größere

Bedeutung als innerparteiliches Netzwerk zu, heißt es in der Partei. Dessen Partys seien heute wichtiger als beispielsweise die Treffen der unbedeutend gewordenen Ost- und Mitteldeutsche Vereinigung (OMV) der CDU. Zukünftige Kanzler und Minister, Ministerpräsidenten und Landesvorsitzende werden sich auch heute noch finden, Kontakte suchen und Allianzen bilden. Es gibt den Bundesarbeitskreis Christlich Demokratischer Juristen (BACDJ), die Schüler Union oder den Ring Christdemokratischer Studenten (RCDS). Alle Organisationen haben neben gruppendynamischen und aktivierenden Funktionen auch die Rolle, Politik- und Machtanbahnungswerkzeug zu sein. Möglichst nicht allzu öffentlich.

Der Tod der Karteileiche –
Mitglieder, Anhänger, Wähler

Die traditionell verfasste Mitgliederpartei ist in einer Krise. Das Ende der Volksparteien, insbesondere auch der CDU, wurde schon nach der Wahlniederlage 1998 heraufbeschworen. Die Totenglöckchen sind bisweilen verstummt, die „Zeit"-Journalistin Mariam Lau hat optimistisch von der „letzten Volkspartei" CDU geschrieben. Auch das ist noch nicht abschließend belegt. Zunächst ist ein Mitgliederschwund – und auch ein Wählerschwund zu verzeichnen, bei allen großen Parteien. Nach dem Höchststand von 750.000 CDU-Mitgliedern Anfang der 1990er Jahre schrumpft die Zahl kontinuierlich. 2012 fiel die Mitgliederzahl erstmals unter die 500.000-Marke. Ein Wert, der in der Wachstumsphase der Partei Anfang der 1970er-Jahre erstmals erreicht wurde. In jener Zeit der allgemeinen gesellschaftlichen Politisierung verdoppelte sich die Zahl der Mitglieder innerhalb von rund zehn Jahren.

Ein schwacher Trost im Konrad-Adenauer-Haus ist der noch dramatischere Verlust an zahlenden Genossen bei der SPD. Die Sozialdemokratie hat ihre Mitgliederzahl seit Ende der 1970er-Jahre nahezu halbiert und liegt nun in etwa gleichauf mit der CDU. Zudem hat das Parteibuch in der Traditionspartei SPD noch einen anderen Stellenwert als die Mitgliedschaft in der CDU, die zunächst als Honoratiorenpartei entstanden war. Um eine bundesweite Vergleichbarkeit herzustellen, müssen zudem die rund 150.000 CSU-Mitglieder in Bayern hinzugezählt werden, da die CDU dort bekanntlich keine eigenen Mitglieder hat.

Helmut Kohl hat die CDU erst zu einer Massenorganisation gemacht, die Legitimation und Entscheidungsfindung und auch innerparteiliches Leben auf der Mitgliederbasis aufbaute. Er berichtet in seinen Erinnerungen davon, dass bei den ersten Parteisitzungen, an denen er teilgenommen habe, es mit Missfallen beäugt wurde, dass er, der junge Kohl, sich erdreistete, etwas zu sagen und eine eigene Meinung kundzutun. Bei solchem Verhalten habe in der alten CDU schon schnell der Ruf eines parteischädigenden Verhaltens die Runde gemacht. Innerparteilicher Pluralismus musste die CDU erst lernen.

Wie sehr der Mitgliederschwund die Partei belastet, ist umstritten. 1000 Mitglieder verliert die Partei pro Monat, so lautet die Schreckens-Analyse. Doch überwiegen die Sterbefälle bei weitem die aktiven Austritte. Berechnungen sehen bis 2019 die Zahl der CDU-Mitglieder auf unter 300.000 sinken. Doch ist das schlimm? Die positive Deutung der Zahlen, die bei den Parteistrategen verbreitet wird, lautet: Die organisierte Basis schrumpft zwar, dafür werden die Mitglieder engagierter. In der Mitgliederstudie der Konrad-Adenauer-Stiftung von 2007 zieht die Politologin Viola Neu sogar die Schlussfolgerung, die Debatte um die Krise der Volkspartei müsse „neu geführt" werden, da sich die Bedeutung der Mitgliedschaft für den Einzelnen verändert habe. Während heute die „aktive Gestaltung" im Vordergrund stehe, verlören die

„sozial-geselligen Motive der Parteiarbeit" an Bedeutung. Früher war die Mitgliedschaft an sich ein Wert und ein sozialer Akt, heute gilt eine Mitgliedschaft ohne Aktivität als unnütz. Auch in anderen Vereinen und Verbänden gibt es dieses Phänomen. Kurz gesagt erfährt die sogenannte „Karteileiche" keine Achtung mehr. Die Devise heute lautet: aktiv oder gar nicht. Vor diesem Hintergrund bekommen die sinkenden Mitgliederzahlen eine andere Konnotation. Wenngleich diese Argumentation auch als Beruhigungsmittel für den Parteiapparat dienen kann – richtig ist, dass der Mitgliederschwund ein gesamtgesellschaftliches Phänomen ist, welches von Gewerkschaften über Parteien bis hin zu den Kirchen reicht. Doch zugleich müssen sich die Logiken und Mechanismen der alten Mitgliederpartei verändern.

Im Landtagswahlkampf in Nordrhein-Westfalen hatten sich die Wahlkampfmanager einen Gag einfallen lassen. Nicht nur um Wähler werben, sondern auch um Mitglieder. Auf der Rückseite der Visitenkarten aller CDU-Funktionäre war ein CDU-Aufnahmeantrag gedruckt. So konnte man so ganz nebenbei noch mal jemanden zu einer Unterschrift verleiten und zum Mitglied machen. Mitgliederwerbung gab es bei der CDU – und insbesondere auch von der Jungen Union – immer auch versehen mit einem gewissen Spaßfaktor. Dazu gehören nicht nur die Kampagnen der Bundesgeschäftsstelle, sondern auch die „Strategien" vor Ort. So ist in den 1980er-Jahren in Gebieten mit einem gesunden Selbstbewusstsein der Ortsunionen mancher mit einer Unterschrift auf einem Bierdeckel zur Parteimitgliedschaft gekommen. Manche Berlinfahrt, auch manche gesellige Wochenendveranstaltung diente dazu, das Reservoir der Sympathisanten und Wähler zu heben: CDU-

Mitglied werden, sich engagieren, zumindest Karteileiche sein. Es waren Methoden, die Zahl der Mitglieder
zu erhöhen. Noch heute gibt es solche fröhlicheren Formen der Mitglieder-Rekrutierung. Selbst in großstädti-
schen Milieus gibt es Partys zu diesem Zweck. Nur ist
eben mit einem veränderten Verständnis von Mitgliedschaft und Engagement ein derartiges Vorgehen nicht
mehr allein passend. Es reicht nicht mehr, politisch
Gleichgesinnte nur zu bespaßen. Heute wird politischer
Einsatz auch konkret als „etwas tun" verstanden. Der
CDU-Ortsverband Prenzlauer Allee in Berlins In-Kiez
hat deswegen die „Prenzlmännchen" ins Leben gerufen.
Mitglieder der Ortsunion helfen als „Prenzlmännchen"
dort vor Ort, wo Geld oder Arbeitskraft fehlt. Mit CDU-
T-Shirts bekleidet, macht sich ein Arbeitstrupp in eine
Kindertagesstätte auf und streicht dort die Wände, räumt
in einer Schule auf oder baut einen Unterstand in einem
Kindergarten. Das bedeutet – so hoffen die Unionisten –
nicht nur konkrete Hilfe, sondern einen Imagegewinn
für die CDU vor Ort. In der alten Union hätte es das so
vermutlich nicht gegeben, da hätte das „Netzwerk" geholfen. Und der „Bautrupp" wäre dann vielleicht die örtliche Kolpingsfamilie gewesen – die natürlich größtenteils aus CDUlern bestanden hätte.

Nicht nur die Mitgliederzahl verändert sich dramatisch, auch die Struktur der Mitgliederschaft wandelt
sich – und deren inhaltliche Auffassungen. Der frappie-
rende Befund der Parteienforscher lautet: Die Mitglieder
der CDU sind nicht mehr Spiegelbild der Anhänger-
oder Wählerschaft. Anhänger und Wähler sind aber
letztlich wichtiger als Mitglieder. Oder? Wichtiger für
die Machtmaschine auf jeden Fall. Die Soziostruktur
der CDU-Parteigänger und der Bevölkerung waren nie

deckungsgleich, doch nun klafft mehr und mehr eine programmatische, mentalitätsmäßige und personelle Kluft.

Besonders auffällig ist dies beim Geschlecht. Nur ein Viertel der Mitglieder sind weiblich, bei den Wählern hingegen haben die Frauen bisweilen die Überhand. Bei der Bundestagswahl 2009 etwa haben 35,7 Prozent Frauen die Union gewählt, nur 31,3 Prozent der Wähler waren Männer. Dies führte zu dem Gesamtergebnis von 33,8 Prozent. Bei keiner anderen Partei war die Differenz zwischen Frauen und Männern so stark. Dass Merkel also ihre Parteiarbeit mit Formaten öffnet, die sie mehr mit Frauen in Kontakt bringen, scheint strategisch daraus zu folgen.

Der baden-württembergische Landesvorsitzende Thomas Strobl hat unterdessen die Frauenfrage als Zukunftsaufgabe seiner Partei ausgemacht. Nach der verlorenen Landtagswahl herrscht im CDU-Stammland eine weit verbreitete Depression. Bei der Ursachenforschung für den Machtverlust werden auch selbstkritische Töne angeschlagen. Die Junge Union im Ländle klagt, die Partei sei zum Anhängsel einer selbstherrlichen Landesverwaltung geworden. Die Regierung nur noch ein Appendix von Ministeriums-Technokraten. Teile der Frauen Union melden, das Ganze sei auch noch als reiner Männerklub organisiert. Rund 5 Prozent weniger Frauen haben die CDU bei der Landtagswahl 2011 gewählt. Im Südwesten sind nur 20 Prozent der CDU-Mitglieder weiblich. Dramatisch geradezu der Schnitt im Parlament: Unter den 60 Angeordneten im Landtag finden sich nur 8 Frauen. Das ist auch im bundesweiten Vergleich eine miserable Quote. Strobl hat deswegen

das Projekt „Frauen im Focus" ausgerufen, 2012 sollte
sogar als „Jahr der Frauen" firmieren. „Ungefiltert" wolle
man von den Frauen hören, welche Themen sie interes-
sierten. Inzwischen liegen die Ergebnisse von diversen
Umfragen vor. Auf zwölf Seiten hat die Partei nun die
Konsequenzen aus diesen Untersuchungen ausformuliert. Die Listen bei den Kommunalwahlen sollen möglichst paritätisch besetzt werden. Vieles liege aber auch
am Atmosphärischen. Deswegen wird ein „Ausbrechen
aus der Hinterzimmer-Kultur" angekündigt, auch „mo-
dernere Räumlichkeiten" wünschen sich die Parteistrategen. „Kaffee statt Bierkneipe". Doch Strobl, der in Teilen
der Partei eine gewisse Macho-Kultur beklagt, stößt auch
auf Kritik. Manche (Männer) in der Partei sagen, die offenen Flanken der Partei solle man nicht so sehr auf den
Marktplatz tragen. Andere wiederum (Frauen) werfen
ihm Halbherzigkeit vor. Bei der Frauen-Union kursieren
regelrechte Wut-Papiere. Darin wird Strobl als „Casano-
va" geschmäht, der den Frauen zwar hinterherlaufe, die
Macht und die Posten aber nicht mit ihnen teile. Keine
Frau als Landtagspräsidentin, keine Frau als Generalse-
kretärin. Wenn es ernst werde, sei es aus mit der Frauen-
versteherei. „Solange wir keine weiblichen CDU-Mitglieder haben und keine Frauen, die öffentlichkeitswirksame
Ämter bekleiden, werden die weiblichen Wählerinnen
die CDU als das wahrnehmen, was sie ist: als eine alte
Herrenriege, die sich den Rang nicht von den Damen ab-
laufen lassen will", heißt es in einem Text aus dem Umfeld des Bezirksverbands der Frauenunion Südbaden.
Das Problem aber hat Strobl erkannt: Ohne mehr Frauen
ist eine Volkspartei auch im Südwesten nicht mehr zu
machen. Nur leicht wird die Veränderung nicht werden.
Als vor einigen Wochen in Freiburg ein neuer Bundes-

tagskandidat für die CDU zu nominieren war, standen sich parteiintern die aus Kamerun stammende Sylvie Nantcha (30) und der einem sächsischen Adelsgeschlecht entstammende Matern Freiherr Marschall von Bieberstein (50) als Bewerber der Partei im Bundestagswahlkreis 281 gegenüber. Schwarz gegen weiß – stärker könnte der Kontrast kaum sein. Mit überragender Mehrheit hat der „stellvertretende Kreisjägermeister" gegen die „Vorzeigefrau für die erfolgreiche Integration von Migranten" gewonnen, notierte die Stuttgarter Zeitung. Die Delegierten hatten keine Lust auf eine „Annäherung an einen grünen Lifestyle", dem der Freiherr eine deutliche Absage erteilte. Manchmal hängt in der Union die Frauenfrage an der Modernisierungsfrage mit dran – dann kann es schwierig werden. Ob die CDU das Direktmandat mit dem neuen Kandidaten in der idyllischen „Metropole der Grünen" zurückholt, werden die Wahlen zeigen.

Willensbildung und politische Partizipation auf vielen Ebenen verlangt auch eine entsprechend breite und vielfältige Mitgliederstruktur, doch ist diese wachsende Diskrepanz von Mitgliedschaft und Bevölkerung eines der zentralen Probleme der CDU – und in gewisser Weise aller Parteien. Dies lässt sich besonders deutlich auch an der Altersstruktur festmachen. Seit Mitte der 1990er-Jahre steigt der Altersschnitt der CDU-Mitglieder rapide. Zwar verläuft diese Entwicklung parallel zum allgemeinen, demografischen Wandel, doch eilen die Parteien gewissermaßen dem Trend noch voraus. In der besagten Mitgliederstudie heißt es: „War 1993 etwa ein Drittel der CDU-Mitglieder über 60 Jahre alt, so sind es 2006 knapp die Hälfte." Die Partei ist also „älter" als das Land, das muss zu Reibungspunkten führen. Das Gleiche gilt für andere Indikatoren, insbesondere für das religiöse Bekenntnis und die konfessionelle Zugehörigkeit.

Neben dem Mitgliederschwund steht der Wählerschwund. 2009 erreichten CDU/CSU mit 33,8 Prozent ihr schlechtestes Wahlergebnis seit 1949. Trotz Kanzlerinnenbonus verlor die Union gegenüber 2005 noch mal um 1,4 Prozentpunkte. Die Merkel-Partei fiel damit 2009 unter den Wert, mit dem Kohl 1998 seine Kanzlerschaft nach 16 Jahren verlor (38,5 Prozent) und auch unter den Wert, zu dem der CSU-Mann Edmund Stoiber die Union 2002 führte (35,1) – was bekanntlich nicht zur Kanzlerschaft reichte. Wobei für die CDU noch zu konstatieren wäre, dass sie 2009 nur 0,5 Prozentpunkte gegenüber 2005 eingebüßt hat im Vergleich zur CSU, die von 7,4 auf 6,5 Prozent fiel.

Doch dieser Blick auf das Gesamtergebnis bei der Union greift zu kurz und verschleiert tiefgreifende Veränderungen und Verschiebungen. Zum einen holte zwar die Union ihr zweitschlechtestes Resultat seit Gründung der Bundesrepublik, doch war der Abstand zur SPD seit 1957 nicht mehr so groß. 2009 lag die SPD 10,8 Punkte hinter der CDU. Bei der Bundestagswahl 2005 war es genau ein Prozentpunkt. 1957 lag der Wert allerdings bei 18,4 Abstandspunkten. Noch wichtiger ist die Betrachtung der Gewinne und Verluste bei der Union. Auch hier täuscht der vergleichsweise stabile Wert der CDU. Zwar hat sie bundesweit gesehen nur ein halbes Prozent abgegeben, doch ist dies ein Wert, der sich sozusagen auch aus einem untypischen statistischen Länderausgleich speist. Die CDU gewinnt in den Neuen Bundesländern und verliert in den Alten. Viola Neu schreibt in ihrer Wahlanalyse: „Damit ist die Union bei dieser Wahl die einzige Partei, deren Wahlergebnisse in Ost und West nicht in dieselbe Richtung tendieren." In den alten Ländern (ohne Berlin-West) büßt die Union 2,8 Prozentpunkte ein und gewinnt in den neuen Ländern 3,9 Punkte hinzu. Nach den Berechnungen der Konrad-Adenauer-Stiftung fällt dieser Befund sogar noch deutlicher aus, wenn man Berlin (West) herausrechnet. Dann gewinnt sie in den neuen Ländern 4,5 Punkte hinzu und gibt in den alten Ländern 2,8 Punkte ab.

Die Bundestagswahl ist für die CDU also in den alten Bundesländern (26,7 Prozent) verloren und in den neuen (29,8 Prozent) gewonnen worden. Erstmals seit 1990 und 1994 war das Ost-Ergebnis wieder besser als das herausgerechnete West-Ergebnis. Die CDU hat etwa in Sachsen und Thüringen ungewöhnlich stark, um die 5 Prozent, zugelegt. Allerdings fällt das bundesweit gerechnet nicht so ins Gewicht. Das bundesweite Ergebnis der CDU lag bei 27,3 Prozent. Die „Hebewirkung" war gering. Die CSU mit dem zweit-bevölkerungsreichsten Bundesland Bayern hievte trotz der bayrischen Verluste das Unions-Gesamtergebnis immer noch auf die dann insgesamt verbuchten 33,8 Prozent.

In Bayern waren die CSU-Verluste von 6,7 Punkten überdurchschnittlich hoch. An zweiter Stelle der „Minus-Länder" steht ausgerechnet Baden-Württemberg, das CDU-Stammland. Die CDU verlor zwischen Schwäbischer Alb und Oberrheingraben 4,8 Prozentpunkte. Das ist das Kernproblem der Union: Die Verluste in den Hochburgen, die Verluste dort, wo die CDU zuhause ist. In Baden-Württemberg waren viele CDU-Anhänger zur FDP gewechselt, die in einigen Wahlkreisen Ergebnisse von um die 18 Prozent erringen konnte. Beobachter führten das auf die verfehlte Mittelstandspolitik in der Großen Koalition zurück. Die CDU-Wähler hätten ein bürgerliches Bündnis gewollt und seien deswegen zur FDP gewechselt, um der Union den „Wunschkoalitionspartner" anzudienen. Diese Wahlhilfe unter Freunden sei höher ausgefallen als gewollt. Für das Jahr 2013, in dem es der FDP laut Umfragen existenzbedrohend schlecht geht, bedeutet das: Die CDU muss an sich selbst denken. Wenn schon Wahlhilfe für die FDP, dann maßvoller als 2009. Das hat sich noch mal deutlich auch bei Niedersachsenwahl Anfang 2013 gezeigt.

Abgesehen von solchen Mutmaßungen über taktisches Wahlverhalten liegt es nahe zu vermuten, dass vor allem die Stammwähler von der Union enttäuscht sind. Die Verluste sind eben in den Stammlanden am höchsten. Das konnte durch einen Sympathiezuwachs in den „Diaspora-Gebieten" nicht aufgefangen werden. Erwin Teufel würde wohl zugespitzter formulieren: Die Öffnung neuen Wählerschichten gegenüber sei zwar notwendig, doch dürften darüber die treuen Anhänger nicht vergrätzt werden. Verluste in Baden-Württemberg lassen sich mit Zuwächsen anderswo nicht kompensieren. Wenn die CDU sogar in Bremen zulegt, mag sie sich gar fragen, was sie „falsch" gemacht hat.

Für die Wahlforschung sind die Stammwähler nicht mehr so wichtig. Sie macht „Nivellierungstendenzen" aus. Die Grenzen zwischen den Wählermilieus würden verschwinden und die Festlegung auf Parteien würden „volatiler". Das illustriert der Ausspruch einer Wählerin, die erklärte, sie schwanke noch zwischen der Wahl der CDU wegen Angela Merkel oder der Linkspartei wegen der Gerechtigkeit. Bei solchen Alternativstellungen scheint in der Tat jede Wahlprognose und auch jeder Wahlkampf schwierig zu werden. „Die Beziehungen von Wählern zu Parteien sind loser geworden, was sich gleichermaßen im Rückgang der Stammwählerschaften und der Zunahme von Wechselwählerpotential ausdrückt", schreibt KAS-Referentin Viola Neu. Doch auch sie räumt ein, dass die alten „gesellschaftlichen Konfliktlinien" noch nicht vollständig gefallen sind. Nach wie vor sind die Mehrheit der katholischen Kirchgänger Unions-Wähler. Vielleicht kommt bisweilen auch die empirische Forschung an ihre Grenzen. Zwar mag es nicht mehr zeitgemäß sein, Stammwähler zu sein und man mag sich vielleicht nicht als solcher zu erkennen geben – lediglich 14 Prozent der CDU-Wähler bezeichnen sich als Stammwähler. Doch möglicherweise sind grundlegende Präferenzen doch noch nicht völlig verschwunden und bestimmen nicht nur mit über die Entscheidung für, sondern auch gegen eine Partei. So scheinen manche Stammwähler der CDU überdurchschnittlich den Rücken zu kehren. Der Verlust bei den katholischen CDU-Wählern liegt bei drei bzw. vier Prozentpunkten (je nach Analyse), der Gesamtverlust bei 1,4 Prozentpunkten. In der Zusammenstellung der Adenauer-Stiftung lässt sich zudem ablesen, dass zwar nur 32 Prozent aller Wähler katholischer Konfession sind, aber 42 Prozent der CDU-Wähler diese Konfession angeben. Wiederum 44 Prozent der katholischen Wählerschaft insgesamt wählen Union. Das ist deutlich über dem Schnitt, aber eben sinkend.

Wenden sich also die Katholiken vermehrt von der CDU ab, wie dies wiederholt in der Kirche oder etwa vom sogenannten „Arbeitskreis engagierter Katholiken" behauptet wird? Dies ist zwar empirisch scheinbar belegbar, aber analytisch auch zu hinterfragen. Ein Indiz dafür, dass es eben diese Homogenität der Katholiken nicht mehr gibt, ist die Zahl der katholischen FDP-Wähler. Die ist 2009 um fünf Prozent gestiegen. Nun ist eben nicht zu vermuten, dass die Katholiken sich vermehrt von der FDP gut vertreten fühlen. Vielmehr bildet sich der allgemeine Trend (Leihstimmen) von der CDU zur FDP, der 2009 ausschlaggebend war, auch bei den Katholiken ab. Kurz gesagt: Die Katholiken wählen gar nicht als Katholiken. Das Merkmal der Konfessionszugehörigkeit hat seine Wirkungsmacht auf die Wahlentscheidung deutlich eingebüßt.

Nach wie vor sind die bekanntesten und bis ins Klischeehafte überhöhten Anhänger der CDU die Katholiken. Im sogenannten katholischen Milieu gab es ein beeindruckend hohes Maß an Identität von Anhängern, Wählern und Mitgliedern. Aber vor allem war kennzeichnend, dass diese Übereinstimmung auch ins gesellschaftliche Leben hineinreichte. Sowohl auf der vertikalen als auch auf der horizontalen Ebene beherrschte die CDU das Feld. So wählte man nicht nur auf Bundesebene CDU, sondern auch auf Landes- und kommunaler Ebene die christliche Partei. Ebenso erstreckte sich diese inhaltliche und oft auch personelle Homogenität auch in den vorpolitischen Raum. In den katholischen Verbänden, in den Gremien der Kirche oder des Vereinswesens gaben Personen den Ton an, die auch der CDU nahe standen. Diese Verflechtungen waren eines der wichtigsten Konstruktionselemente und ein Erfolgsgeheimnis der CDU. Das Milieu war nicht völlig gleichgeschaltet und einheitlich, aber es war eine Art Fortsetzung des Unionsgedankens der Gründerzeit mit anderen Mitteln. Die CDU besaß ein kapillares Verbindungsnetz in die Gesellschaft und konnte so Stimmungen und Gefühlslagen, aber auch Meinungsbildungsprozesse früh wahrnehmen, aufnehmen – und steuern. „Die Union hatte lange eine sehr viel größere Begabung als die Sozialdemokraten, sich mit dem Wahlvolk zu verschmelzen", schreiben die Autoren Franz Walter, Christian Werwath und Oliver D'Antonia in ihrer Analyse der Partei.

Dieses Milieu-System funktioniert so nicht mehr. Doch ist der Hauptgrund dafür nicht die Partei selbst, sondern die Auflösung der gesellschaftlichen Substrukturen. Es findet geradezu eine Atomisierung dieser Milieus und damit auch der CDU-Wählerschaft statt. Die Wahlforschung spricht immer wieder von „Nivellierungstendenzen". Das meint, die Wähler werden sich immer ähnlicher. Während man vor 30 Jahren einen CDU-Wähler und einen SPD-Wähler schon von weitem erkennen konnte, nicht nur an seinen Anschauungen, sondern sogar bisweilen an Habitus, Lebensstil und Zigaretten- bzw. Automarke, gleicht sich das heute an. Heute kann jeder alles wählen – und alles rauchen. Doch in wie weit dieses Ähnlicher-werden der Wähler auch ein Ähnlicher-werden der Parteien zur Folge hat, ist noch zu erörtern. Zwar sinkt die Bindekraft der Parteien und das Vermögen, Identitätsstiftung zu leisten, gleichwohl gibt es den Wunsch nach Identität und auch nach Unterscheidbarkeit. Es entsteht also ein Dilemma, das bereits anklang: Man muss die Marke pflegen – und gleichzeitig allen gefallen. Früher war ein Opelfahrer lebenslang ein Opelfahrer, er stieg allenfalls die Modellpalette hoch. Heute könnte es sein, dass er sich auch mal einen Golf kauft – oder einen Koreaner.

Die Auflösung des spezifischen katholischen Milieus wird vor allem an einer nachlassenden Kirchenbindung, an der sogenannten Säkularisierung der Gesellschaft festgemacht. Die Kirchen schrumpfen aufgrund des demografischen Wandels und auch durch immer wieder aufkommenden Austrittswellen, doch ist der absolute Verlust nicht so gravierend wie die schleichende Abkehr vom Glauben und die nachlassende Identifikation mit Glaube und Kirche, die eine gesellschaftliche Relevanz und Integrationskraft begründen könnte. Derzeit leben in Deutschland rund 24 Millionen Katholiken. Das sind in etwa so viele wie es auch 1955 in der alten Bundesrepublik waren. Doch während das heute etwa ein Drittel der Bevölkerung ausmacht, reichte es 1955 noch für rund die Hälfte der Bevölkerung. Bevölkerungswachstum und Wiedervereinigung ließ die Zahl der Katholiken kurzfristig leicht ansteigen. Doch entscheidend ist die Relation zur Gesamtgesellschaft und die innere Verfasstheit. Vor allem seit 1990 nimmt die Gruppe der Konfessionslosen neben den Kirchenmitgliedern einen relevanten Platz ein. Der Niedergang des Milieus lässt sich am Kirchgang festmachten. Gingen 1950 rund die Hälfte der Kirchenmitglieder auch regelmäßig in den Gottesdienst, sind dies heute nur noch 13 Prozent. Mit dem Kirchgang aber ging auch der anschließende Frühschoppen verloren. Das sonntägliche Bier am Stammtisch im Dorfkrug ist vor allem in vielen ländlichen Gegenden so etwas wie ein Ur-Ritual christdemokratischer Gruppen- und Willensbildung gewesen.

Die Kirche ist – quantitativ und mentalitätsmäßig – auf dem Rückzug, und dies schlägt sich bei der CDU besonders nieder. 1969 betrug der Anteil der Katholiken mit starker Kirchenbindung an der CDU-Wählerschaft noch über 40 Prozent und sank bis 2009 auf elf Prozent. (Zahlen: Forschungsgruppe Wahlen). Zugleich bleibt bis heute die Kirchenbindung und Kirchlichkeit ein wichtiger Faktor für die Partei. Katholiken, die ein enges Verhältnis zu ihrer Kirche haben, wählen nach wie vor mit Mehrheit die CDU, nur schrumpft diese Gruppe eben. 44 Prozent der Katholiken haben bei der Bundestagswahl 2009 CDU gewählt, das ist angesichts von 33,8 Prozent Gesamtergebnis ein deutlich besseres Resultat. In einer Befragung der Konrad-Adenauer-Stiftung von 2009 geben zwölf Prozent der CDU Wähler an, mindestens einmal die Woche in die Kirche zu gehen, bei der SPD und der FDP sind es nur drei, bei den Grünen immerhin fünf Prozent. In keinem anderen gesellschaftlichen Raum finden sich tendenziell immer noch so viele CDU-Anhänger wie in der Kirche.

Auch sind die CDU-Anhänger immer noch die frömmsten, was Glaubensinhalte angeht. Fast zwei Drittel der Unions-Anhänger finden, laut dieser Erhebung, „Trost und Kraft" im Glauben. 50 Prozent glauben an ein Leben nach dem Tod. Anhänger anderer Parteien fallen da zurück. Doch die Frage der Kirchlichkeit ist eine andere, die Kirchenbindung und damit auch die wechselseitigen Bezugs- und Anknüpfungspunkte in einem Milieu schwindet sogar bei den Frommen. Immerhin 33 Prozent der CDU-Wähler stimmen der Aussage zu: „Religion ja, Kirche nein". Eine Minderheit, aber immerhin 33 Prozent der Unions-Anhänger stimmt der Aussage nicht (!) zu, dass Kirchenoberhäupter nicht versuchen sollen, „die Entscheidungen der Regierung zu beeinflussen". Dass die Standpunkte der Kirche in der CDU ein höheres Gewicht haben sollten, meinen 38 Prozent.

Schaut man sich in den Statistiken noch tiefer das kirchliche Milieu an, zeigt sich, dass aber immer noch gilt: desto frömmer, desto mehr für die Union. Nur beträgt der Anteil der etwa regelmäßigen Kirchgänger (jeden Sonntag) an der Gesamtwählerschaft nur acht Prozent. Regelmäßige katholische Kirchgänger gibt es in der wahlberechtigten Bevölkerung nur noch 6 Prozent. Von diesen 6 Prozent wählen allerdings 2009 noch 67 Prozent die CDU. Das waren 2005 noch 72 Prozent, also ein Rückgang um fünf Prozentpunkte. Das bedeutet, die Akzeptanz im Kern-Milieu ist nach wie vor hoch, nur schmilzt diese Gruppe, wie es der Politologe Oskar Niedermayer nennt, aufgrund des Säkularisierungsprozesses kontinuierlich ab. Als weitere Gründe für die Schwäche in der Stammwählerschaft der Union nennt Niedermayer, dass die als Honoratiorenpartei groß gewordene Bewegung durch die Veränderung zur Mitgliederpartei „die lokalen Eliten" weniger stark binden kann. Zudem sei für die CDU-Stammwählerschaft die Sozialisation in der Nachkriegszeit prägend und loyalitätsstiftend gewesen. Diese Gruppe der Stammwählerschaft stirbt schlicht nach und nach weg.

Inwieweit ist die inhaltliche Neuorientierung der Merkel-Partei als Grund für die relativen Wahlniederlagen anzusehen und kann das empirisch nachgewiesen werden? Niedermayer sieht, dass „konservative Stammwähler" verprellt werden. Der Politologe Karl-Rudolf Korte spricht von einer „Repräsentationslücke". Aus einer Umfrage des Allensbach-Instituts aus dem Jahr 2012, die Thomas Petersen ausgewertet und spezifiziert hat, lässt sich auch ersehen, dass sich möglicherweise der „Stammwähler" nicht in allen inhaltlichen Fragen so klischeehaft positioniert, wie angenommen. Und umgekehrt könnte gelten, dass Wähler, die nicht unbedingt immer CDU wählen, durchaus auch Ansichten vertreten, die man etwa dem alten katholischen Milieu zuordnen würde. In der Untersuchung des Instituts wurden zum einen inhaltliche Positionen abgefragt, zum anderen wurden die Befragten in drei Gruppen klassifiziert: CDU-Stammwähler, CDU-Randwähler sowie potenzielle CDU-Wähler. Unter Randwählern werden diejenigen verstanden, denen die CDU zwar die sympathischste Partei ist, die sich aber auch vorstellen können, eine andere Partei zu wählen. Potenzielle CDU-Wähler, auch „Zuwanderer" genannt, sind solche Personen, die als Wahl-Präferenz eine andere Partei angeben als die CDU, aber sich auch vorstellen können, die CDU zu wählen.

Bezogen auf das „C" ist das Ergebnis zunächst einmal ernüchternd. Lediglich 42 Prozent der Stammwählerschaft hält es für „sehr wichtig", dass sich eine Partei allgemein „an christlichen Grundsätzen orientiert". Das sind bei den Randwählern (man könnte sie auch CDU-orientierte Wechselwähler nennen) nur noch 25,6 Prozent. Bei den Potenziellen halbiert sich der Wert noch einmal. Allerdings relativiert sich dieses Auseinanderdriften schon in der zweiten Wertungsstufe. Rund 35 bis 40 Prozent in allen drei Gruppen geben an, das Christliche sei „auch noch wichtig". Das heißt, keineswegs kann das „C" als Alleinstellungsmerkmal für die Stammwähler gebucht werden.

Bei der Frage, was von einem Politiker zu erwarten ist, der sich für christliche Werte einsetzt, zeigt sich dann unabhängig von der CDU ein weitgehend einheitliches Bild. Als wichtigsten Punkt nennen die Befragten den Einsatz für sozial Schwache. Dies wird von allen drei Gruppen mit rund 70 Prozent als wesentliches Charakteristikum des Christlichen benannt. Auf Platz zwei rangiert die Familie. Verblüffenderweise folgt auf Platz drei „Recht und Ordnung" und auf Platz fünf der Einsatz für die Freiheit. 50 Prozent der Stammwähler nennen die Freiheit als Indiz für einen christlichen Politiker. Auch die Toleranz rangiert mit rund 50 Prozent der Nennungen noch auf den oberen Plätzen der Stammwähler. Aber auch das Eintreten gegen Abtreibung wird von den Stammwählern und stark auch von den potenziellen CDU-Wählern als christliches Thema angesehen. Überraschend ist das Ende der Liste. Der Schutz der Embryonen vor vorgeburtlicher Untersuchung wird von nur 27 Prozent als „christlich" bezeichnet. Immerhin aber noch rund 42 Prozent der Stammwähler hält die Ablehnung einer rechtlichen Gleichstellung von homosexuellen Paaren für eine Angelegenheit des hohen „C".

Die gleichen Themenpalette hat das Allensbacher Institut mit dem Begriff „konservativ" bewerten lassen. „Recht und Ordnung" steht bei allen drei Wählergruppen auf Platz eins, wenn es gilt, die Erwartungen an einen Politiker zu klassifizieren, der sich „konservativ" nennt. Die Werte liegen hier zwischen rund 75 und 85 Prozent. Ebenfalls herrscht Einigkeit bei den drei Wählergruppen, was von „konservativen" Politikern in der Migrationspolitik zu erwarten ist. Von Ausländern sei zu verlangen, dass sie sich an die deutsche Kultur anpassen, dies sei ein konservatives Anliegen. Verblüffenderweise wird auch das Eintreten für einen arbeitsfreien Sonntag als „konservativ" angesehen. Die Stammwähler wiederum halten die Wiedereinführung der Wehrpflicht nicht mehr mehrheitlich für ein konservatives Projekt. Selbst das dreigliedrige Schulsystem rangiert nicht auf den vorderen Plätzen.

Zum Vergleich ist das Bild, das die CDU abgibt, erfragt worden. Wofür setzt sich die Union besonders ein?

Bei gleicher Liste rangiert nun an erster Stelle die europäische Einigung. Die Stammwähler nennen dieses Thema mit rund 70 Prozent, die anderen beiden Wählergruppen auch noch mit rund 60 Prozent. Auf Platz zwei kommt dann gleich „Recht und Ordnung" als jenes Kennzeichen, das besonders die CDU/CSU charakterisiert. Stammwähler nennen dies mit 61 Prozent, Randwähler und „Zuwanderer" nennen dies seltener. Platz drei schließlich belegt bei der Union die Familienpolitik. Auch hier sehen alle drei Wählergruppen die C-Partei mit diesem Thema besonders identifiziert. Wenn man nun den Ausgang anschaut, verblüfft die Zuordnung des Einsatzes für sozial Schwache. Das Thema welches vor allem als christlich gesehen wird, landet bei der Charakterisierung der CDU auf dem letzten Platz mit um die 20 Prozent der Nennungen. Und selbst die Stammwähler identifizieren die Union nicht besonders stark mit dem Sozialen. Allerdings wird hier noch mal der „Sozialstaat" unterschieden zu dem Einsatz für sozial Schwache. Den Sozialstaat wiederum identifizieren besonders die Stammwähler mit der Union, während die anderen Wählergruppen dies nicht tun.

In einem dritten Schritt schaut sich die Untersuchung nun die persönlichen Präferenzen und Positionierungen an. Hier sind es dann die Stammwähler, die insbesondere eine christliche Orientierung der Partei wünschen. 42 Prozent der Stammwähler wünschen sich eine christliche Ausrichtung, die anderen Gruppen hingegen liegen bei rund 20 Prozent oder drunter. In der Beziehung zum Islam wiederum sind sich alle drei Gruppen erstaunlich einig. Eine Anerkennung eines islamischen Feiertags lehnen Stammwähler wie Randwähler mehrheitlich ab. Eine bevorzugte Stellung für das Christentum in der Gesellschaft befürworten auch alle mehr oder weniger gleichermaßen. Deutliche Unterschiede zwischen den Wählergruppen tun sich dann allerdings in den ganz persönlichen Glaubens- und Einstellungsfragen auf. Und trotz dieser Unterschiede gab es doch bei den politischen Angelegenheiten erstaunlich viele Gemeinsamkeiten. 75 Prozent der Stammwähler erklärten, dass sie an einen Gott glauben. Bei den Randwählern sind es 65 Prozent und bei den Potenziellen immerhin noch 48 Prozent.

Im gesamten Spektrum der Unions-Wähler ist der Glaube noch stark verankert. Fehlende Kirchenzugehörigkeit und schwindendes Milieu dürfen also nicht allein ausschlaggebend sein bei der Frage nach der Gewichtung des „C" und seinen Implikationen.

Der Beliebigkeitsbazillus –
Programme, Werte, Stile

Die Beliebigkeits-Sorge kommt immer wieder neu auf und beherrscht den Diskurs über die CDU. Die Merkel-CDU wird inzwischen schon geradezu synonym verstanden als die Verwandlung der Christdemokratie in „anything goes". Dies gilt im Grundsätzlichen wie im Konkreten. Als Angela Merkel 2009 allein bei Anne Will zu Gast war und die Journalistin diesem Phänomen beizukommen versuchte, sagte die Bundeskanzlerin einen Satz, der inzwischen innerparteilich als geflügeltes Wort gelten kann, wenn es zu belegen gilt, wie schwammig die Parteivorsitzende ist. „Mal bin ich liberal, mal bin ich konservativ, mal bin ich christlich-sozial – und das macht die CDU aus." Ein typischer Merkel-Satz. Er ist so wahr wie missverständlich. Die Partei ist zwar in der Tat „mal so mal so", aber für den Zuhörer klingt es recht wankelmütig.

An der Beliebigkeit haben sich viele abgearbeitet. Dabei war zwar Merkel immer der Dreh- und Angelspunkt, auch wenn keineswegs klar ist, in welche Richtung denn die Profilierung gehen müsste. Die Beliebigkeit der Profilierungssehnsüchte zeichnete vielmehr die Debatten aus. Waren im Sommer 2012 noch die Konservativen tonangebend, die ein nicht bestimmbares stärkeres

Profil anmahnten, so waren es im Herbst 2012 schon wiederum die Modernisierer, welche die Verstaubtheit der Union beklagten und nach den Wahlniederlagen in den großen Städten eine „Urbanisierung" der CDU einforderten. Die einen beklagen die schon zum Topos gewordene „Sozialdemokratisierung" der Union, die anderen sehen umgekehrt die Grünen ins bürgerliche Milieu einbrechen und fordern entsprechende Gegenwehr.

In diesem innerparteilichen Tauziehen darf natürlich keiner gewinnen. Dann wäre die Union mindestens halbiert. Sowieso haben mindestens beide Seiten Recht. Die CDU muss in der Großstadt anziehend wirken und zugleich im Dorf im Schwarzwald als einzig verbleibender Anker in der verwirrenden Moderne bleiben. In dem Interview fragt Anne Will, ob sie, Merkel, nicht weiter „fremdele" mit ihrer Partei. Sie sei erkennbar keine katholische Rheinländerin, antwortet Merkel, und fügt etwas barsch hinzu, sie mache sich keine Sorgen, dass sie beim Schwarzwälder Ortsverein nicht geachtet werde. Wieder eine „Sowohl-als-auch"-Antwort.

Die Großstadt-Sehnsucht

Als im Oktober 2012 für die CDU die Stuttgarter Oberbürgermeisterwahl verloren ging, gab es eine kurze, aber heftige Auseinandersetzung über die Frage, ob die Partei den Anschluss an ein vermeintliches großbürgerliches Milieu, genauer: an ein städtisches Lebensgefühl verloren habe. Neben Stuttgart waren es in den zurückliegenden Jahren sieben weitere Großstädte, in denen ein christdemokratischer Bürgermeister seinen Hut nehmen musste, darunter Frankfurt, Hamburg und Köln.

Und wenngleich jeweils regionale Gründe anzuführen wären, ließ sich an dieser Reihe doch ein Defizit festmachen, meinten einige Kommentatoren. Plötzlich war die CDU nicht modern genug, nachdem zuvor immer jene die Debatte beherrscht hatten, die das Konservative in der Union eingefordert hatten.

Merkel sei die Modernisiererin, an sie solle sich die Partei halten, mahnt die langjährige Frankfurter Oberbürgermeisterin Petra Roth (CDU). Roths Nachfolger ist kein Christdemokrat. Der CDU-Kandidat, der sie beerben sollte, der hessische Innenminister Boris Rhein, habe eben nicht wirklich verstanden, wie CDU-Politik in einer Großstadt aussehen müsse. Roth ist die weibliche Ikone christdemokratischer Großstadtidentität. In einem Interview beschreibt sie, wie genau der CDU-Spagat ihrer Meinung nach funktioniert. Natürlich sei sie in der CDU nicht unumstritten gewesen, aber „unangefochten" sei sie geworden, „weil ich Wahlen gewonnen habe, weil ich dadurch auch Mandate für Parteifreunde gewonnen habe". Macht gebe Freiheit, so Roth. „Die Roth konnte sagen, was sie wollte. Man hat zwar getuschelt, wenn ich mich für Ausländer, Integration, Drogenpolitik, Ganztagsschulen oder Frauenemanzipation eingesetzt habe. Aber das sind alles Themen, die eine moderne Großstadtpartei auf dem Sender haben muss. Wenn eine Frau oder ein Mann das inhaltlich füllt mit Glaubwürdigkeit, dann werden sie auch gewählt. Dann wird daraus eben CDU-Politik. So herum wird ein Schuh draus."

Offenbar war und ist die CDU eine Art Projektionsfläche, auf die sich unterschiedliche Wünsche und Anforderungen abbilden lassen. Der Publizist Ulf Poschardt von der „Welt" wünscht sich in der Urbanitätsdebatte gar, die eigentlich durchaus vorhandene Modernität der

Union müsse wieder mehr durchdringen. Er formuliert geradezu ein flammendes Plädoyer für eine noch coolere CDU. „Union wie FDP müssen im Häuserkampf Museum für Museum, Schwulendisco für Schwulendisco die Deutungshoheit der Linken angreifen. Die Bundesregierung hat einen schwulen Außenminister, einen Vizekanzler aus Vietnam, einen Finanzminister im Rollstuhl und eine ostdeutsche, kinderlose Kanzlerin: Mehr Diversität ist weltweit nirgendwo an der Macht." Und der Journalist beschwört die alte Sehnsucht wieder, die Konservativen mögen doch endlich auch intellektuell satisfaktionsfähig werden. Dies ist ein zu Kohls-Zeiten in Endlosschleife wiederholter Evergreen. Poschardt schreibt: „Es fehlt die große Erzählung für ein modernes bürgerliches Projekt. Wer die in den Städten nicht erzählen kann, dem hört man bald auch auf dem Land nicht mehr zu." Doch kann es eine einheitliche Erzählung geben, wenn sonst Diversität herrscht?

Oswald Metzger ist ein Wanderer zwischen den Parteien. In den 1970er-Jahren war er bei der SPD, dann 20 Jahre bei den Grünen und für diese zeitweise im Bundestag, Nun ist er bei der CDU, vor allem wegen deren wirtschaftspolitischer Ausrichtung. Er gilt als unbequem und hat es bislang nicht geschafft, in seiner neuen Partei so heimisch zu werden, dass diese ihn aufstellen würde. Zugleich kritisiert er seine neue politische Heimat, fordert Modernisierung ein. Seine eigene Wandelbarkeit ließe sich vergleichen mit der der CDU. Doch ihm ist die Union zu „farb- und konturlos". „Obwohl die Union programmatisch unter Angela Merkel so viele Kurswechsel vollzogen hat wie keine andere Partei, wirkt sie altbackener als andere". Die CDU stehe „trotz ihres Marketinglabels – nicht mehr mitten im Leben", schreibt Metzger nach der verlorenen Wahl in Stuttgart. Doch was eben das meint, das ist nicht mehr genau zu sagen. Nicht nur Großstädter stehen bekanntlich mitten im Leben.

Der münsterländische Bundestagsabgeordnete Jens Spahn vertritt eine der wichtigsten Hochburgen der CDU im Bundestag. Sein Heimatwahlkreis Borken/Steinfurt zählt meist zu den Zugpferden im bundesweiten Ergebnisvergleich. Dennoch hat auch der Politiker aus der ländlichen Region eine Sehnsucht nach mehr Coolness in seiner Partei. Der 33-jährige ist davon überzeigt, dass das Image-Problem der CDU auch ihm in der idyllischen Parklandschaft nahe der niederländischen Grenze schadet. Das Provinzielle müsse die Partei aus den Kleidern schütteln. „Die Republikaner haben die Wahl in den USA auch deswegen verloren, weil sie als die Partei des alten weißen Mannes galten. Weit weg von einer solch einseitigen Wahrnehmung sind wir leider auch nicht. Wir müssen also die gesellschaftliche Wirklichkeit besser abbilden", erklärte er jüngst dem „Spiegel". So wünscht er sich mehr Frauen in seiner Partei und auch eine größere Neugierde für moderne Lebenswelten. „Und es würde helfen, wenn wir alle im Bundestag stärker am Leben in Berlin teilnähmen. Bei vielen gibt es geradezu einen Wettbewerb, wer am nächsten am Reichstag wohnt. Berlin kennt man dann allenfalls von der Taxifahrt vom Flughafen ins Regierungsviertel." Spahn lästert über seine Abgeordneten-Kollegen, selbst schafft er das Hin- und Her-Switchen offenbar recht gut. Er kennt die Clubs der Hauptstadt, genauso wie er sich schon mal als Fan des katholischen Libori-Festes in Paderborn geoutet hat.

Die Modernisierer in der CDU machen die Wahlniederlagen und schlechten Ergebnisse vor allem an dem als
altbacken empfundenen Erscheinungsbild der CDU fest.
Im grünen Milieu sei die CDU immer noch die „Partei
der Eltern" und als solche nicht wählbar, obwohl „die politischen Ziele ähnlich, aber aus unterschiedlichen Be-
gründungszusammenhängen erfolgen", schreibt der
Frankfurter Bundestagsabgeordnete Matthias Zimmer
in einem Strategiepapier. In den Großstädten macht er
die Grünen als Hauptgegner der CDU aus, obwohl er
einräumt, dass die Wählerwanderungen zwischen Union
und Grünen noch „ausgesprochen begrenzt" sind.
Hauptbarriere zwischen Grünen und CDU sei das Lebensgefühl. Nun dürfe sich die Union zwar nicht anbie-
dern und müsse doch zugleich das urbane Lebensgefühl
aufgreifen.

Zimmer beklagt, dass bisher in den Großstädten
Berlin, Hamburg, Köln und Frankfurt lediglich bei den
über 60-Jährigen Wahlergebnisse von über 30 Prozent
zu erreichen sind. Nicht nur bei den unter 30-Jährigen
schwächelt die CDU, sondern auch bei den 30- bis
50-Jährigen, die gewöhnlich in der Familienphase stehen
und ein eher bürgerliches Leben führen, kommt die
CDU nicht an. Die CDU sei in den Städten noch nicht
als „Familienpartei" verbucht.

Zimmer will, dass seine Partei das Lebensgefühl der
neuen bürgerlichen Mitte antizipiert. Dazu schlägt er
vor, dass auch die Union etwa Treffen für Alleinerziehen-
de organisieren könne. „Es nutzt wenig den Verfall der
Familie zu beklagen; verantwortlich sind gesellschaftliche Entwicklungen, die außerhalb der politischen Gestaltungsmöglichkeiten liegen. Doch das berührt natürlich
eine Grundfrage des christdemokratischen Selbstver-

ständnisses: Gibt es eine eigene Prägekraft und einen gesellschaftspolitisch gestaltenden Anspruch noch oder ist diese Art von irgendwie gearteter Verteidigungshaltung des Hergebrachten bzw. Gestaltenwollen des Zukünftigen völlig obsolet." Zimmer erklärt es durchaus zum Ziel der CDU, etwa Individualisierungstendenzen in der Gesellschaft entgegenzuwirken, den „Verfall von Gemeinschaft" aufzuhalten. Zusammenhalt in der Stadtgesellschaft sei deswegen ein Thema für die CDU und sie müsse dies präsentieren. Die Grünen hingegen müssten als Partei der „demonstrativen Adoleszenzverweigung" demaskiert werden. Das Lebensgefühl stünde als Barriere zwischen Grünen und CDU, dabei sei der Lebensstil gerade durch bildungsbürgerlichen Habitus und bürgerliche Lebensumstände geprägt. Das Ärgerliche sei, dass die CDU für das Anstrengende, die Grünen aber für das Schöne zuständig seien, deswegen würden sie auch gewählt. Die CDU müsse deswegen die „allzu einfache Dichotomie zwischen denjenigen, die für die Lebensumstände sorgen und denjenigen, die für die Lebensqualität zuständig sind, aufbrechen."

Die Debatte um die Großstadt-Union ist nicht neu. In den 1970er- und 1980er-Jahren gab es sie schon einmal. Mit dem Regierungsumzug nach Berlin wurden sie in der neuen Hauptstadt mit der dort ansässigen und eher als kleinbürgerlich und piefig empfundenen CDU virulent. Um die Jahrtausendwende machte sich eine Gruppe Vordenker in Berlin als „Hugenotten" einen Namen. Ein Kreis von Zugereisten wollte die Diepgen-Union verändern. Noch immer gelten die einstigen Rebellen als nicht ganz unschuldig am Fall des legendären Regierenden Bürgermeisters. Viel übrig geblieben ist von der Unruhe von einst nicht. Die Berliner CDU hat bislang alle Beihilfe von außen abgewehrt und auf die eigene Stärke gesetzt. Diese gründet mehr in den einzelnen Bezirken und Kiezen und ihren großstadtinternen Provinzialismen als in der Sicht auf das große Ganze. Immerhin hat der Ur-Berliner Frank Henkel die Berliner CDU, bedingt auch durch die Schwäche von Klaus Wowereit, wieder in die Regierung geführt. Und in einigen Politikbereichen hat sie sich zum Modernisierungsflügel innerhalb der Partei gemausert. So ist das Integrations-Papier der Berliner CDU, unter anderem erarbeitet ausgerechnet von Burckhard Dregger, dem Sohn des legendären hessischen Law-and-order-Manns Alfred Dregger, ein Neuanfang gewesen. Plötzlich gab sich die CDU in Berlin mit dem „Ausländer-Thema" ab – ohne die Nase zu rümpfen und nach mehr Polizei zu rufen. Ganz neu war das allerdings auch für die Union in Berlin nicht. Immerhin hatte der Regierende Bürgermeister Richard von Weizsäcker mit Barbara John 1981 die erste Ausländerbeauftragte Deutschlands eingesetzt. John blieb 22 Jahre auf dieser Position. Innerhalb der Union führte sie eher ein bisweilen ungeliebtes Schattendasein.

Das Experimentierlabor für eine Großstadt-CDU müsste natürlich dort sein, wo nach allgemeinem Dafürhalten städtisches Leben am schicksten ist. Der Prenzlauer Berg ist längst nicht mehr das alleinige Avantgarde-Viertel der Hauptstadt, die sogenannte Szene zieht weiter – Richtung Osten in den Friedrichshain oder zurück an die alten Ränder des gutbürgerlichen Westens nach Neukölln oder in den Wedding. Aber immer noch ist der Prenzlauer Berg Synonym für eine Bionade-Bürgerlichkeit, die überteuerte Biosupermärkte für eine soziale Errungenschaft hält. Die Wohnungspreise liegen entlang der Schönhauser Allee durchaus über dem Niveau in den angestammten gutbürgerlichen Ecken des alten Westens der Metropole. Dort wohnen viele, die in Ministerien und Behörden Arbeit gefunden haben, für die das Beamtentum aber durchaus einhergehen kann mit einem weiter staatskritischen Dünkel. Natürlich gibt es auch noch Alteingesessene und andere Neuberliner. Insgesamt ist der Altersschnitt sehr niedrig – schlecht für die traditionelle CDU. Bei der Bundestagswahl erreichte die Union im Wahlkreis Pankow, zu dem der Prenzlauer Berg gehört, 17,2 Prozent. Das ist im Vergleich zu 2005 ein leichter Zugewinn um 2,8 Prozent. Doch landete die CDU damit auf Platz vier im Ranking der Parteien. Sieger war die Linke mit 27,5 Prozent, gefolgt von den Grünen mit 19,8 Prozent. Auf Platz drei landete die SPD mit 18,2 Prozent. Sie musste fast eine Halbierung ihres Ergebnisses hinnehmen und verlor 16,3 Prozent. Es ist der Wahlkreis des SPD-Veterans Wolfgang Thierse, der sein Direktmandat gegen den Linken Stefan Liebich einbüßte.

Schaut man sich die Ergebnisse der Wahllokale an, die etwa rund um die angesagten Ecken von Kollwitzplatz und Helmholtzplatz liegen, dann sieht es für die CDU noch schlechter aus. Dort rutscht die CDU auf acht bis neun Prozent ab, und die Grünen schwingen sich zu 38 Prozent auf. Mehr als ein vierter Platz ist dort nirgendwo drin, immer liegen auch SPD und Linke noch vor der Union. Der Prenzlauer Berg ist machttechnisch gesehen der Keller der Union, nirgendwo geht es ihr schlechter.

Was das Lebensgefühl angeht, ist der CDU-Ortsverein Schönhauser Allee, so hat es den Anschein, schon in seiner Umgebung angekommen. Traditionell tagen die Unionisten im indischen Restaurant in der Gleimstraße. Das Lokal „Goa II" gehört Muhammad Iqbal. Der gläubige Muslim ist zugleich stellvertretender Vorsitzender der Ortsunion. Für ihn ist die CDU eine Familienpartei und eine Unternehmerpartei, deswegen ist sie für ihn attraktiv. Wenn in seinem Hinterzimmer die CDU tagt, muss er oft mehr Mango-Lassi ausschenken als Bier. Das ließe sich schon unter Lebensgefühl verbuchen. Das findet man in der Eifel oder im Schwarzwald vergeblich. Iqbal wurde 1956 in Lahore (Pakistan) geboren. Er war in seiner Heimat schon mal politisch aktiv, als Generalsekretär der PPP (Pakistans People Party). Nach der Ermordung von Ministerpräsident Bhutto im Frühjahr 1979 musste er als politisch Verfolgter Pakistan verlassen und kam nach Berlin (West), wie er schreibt. 1993 erhielt er die deutsche Staatsbürgerschaft und wurde Mitglied der CDU, seit 2003 sitzt er im Vorstand des Ortsverbands.

Vorsitzender der CDU im Szene-Kiez ist Stephan Lenz, ein 44-jähriger Katholik aus Cochem an der Mosel. Er ist Mitglied des Berliner Abgeordnetenhauses. Außer Iqbal sind nahezu alle Vorstandsmitglieder um die 40, viele arbeiten in der Politik. Selbst in so einer kleinen Einheit der großen Partei muss schon „Vielfalt gemanagt" werden und trifft die Regierungsebene auf die Basis. Zum Vorstand gehört auch Eike Letocha. Er war Berliner Landesvorsitzender der Lesben und Schwulen in der Union (LSU) und gehört noch dem Vorstand an. Zugleich ist Letocha Persönlicher Referent von Frauenministerin Kristina Schröder. Im Kleinen gibt es also die Großstadtpartei CDU schon. Übrigens freut sich der Ortsverband über stetigen Mitgliederzuwachs. Sie haben um die 130 Mitglieder, das sind fast doppelt so viele wie noch vor zehn Jahren. Noch tiefer im ehemaligen Osten, in Berlin-Hohenschönhausen, beklagt auch der CDU-Kreisvorsitzende Martin Pätzold, dass die CDU bisweilen als „uncool" wahrgenommen werde. Der 28-jährige promovierte Wirtschaftswissenschaftler ist in die CDU eingetreten, da war er noch keine 20. Mit 21 war er Ortsvorsitzender. Inzwischen ist er CDU-Landesvorstand und bewirbt sich um ein Bundestagsmandat. In den christdemokratischen Missionsgebieten im Osten der Stadt haben junge Köpfe gute Aufstiegsmöglichkeiten. Und manche ältere CDU-Veteranen sind gerührt, wenn die Enkel von bürgerlichen Werten und christlichem Menschenbild reden – und sich an den Mauerfall gar nicht erinnern können. „Liberal-konservativ mit sozialem Gewissen", nennt Pätzold seine Verortung. Dazu gehört dann sowohl ein „Stolz" auf das in Deutschland nach Krieg und Wiedervereinigung Erreichte wie auch die rechtliche Gleichstellung von homosexuellen Lebenspartnerschaften. Da gibt es keine ideologischen Probleme mehr.

Das konservative Rätsel

So etwas wie das politische Gegenteil von Prenzlauer Berg und Großstadt oder – in Person – auch von Petra Roth ist Erwin Teufel. 14 Jahre war er Ministerpräsident von Baden-Württemberg. Er verkörpert mit seiner Person, seinem Habitus und seiner Politik alles, was man landläufig mit der CDU verbindet. Teufel ist bodenständig, seine Herkunft hört man ihm an. Er ist katholisch, aber von einer liberalen, vom Aufbruch der 1960er-Jahren geprägten Art. Er ist konservativ, aber in einer so undogmatischen und offenen Weise, dass der grüne Nach-Nachfolger im Amt des Ministerpräsidenten, Winfried Kretschmann, ihn sein Vorbild nennt. Baden-Württemberg ist das vielleicht wichtigste CDU-Stammland – gewesen. 1991 verlor die CDU nach 20 Jahren die Alleinherrschaft, danach regierte sie in Koalitionen, 2011 verlor sie schließlich die Regierungsführung und Regierungsbeteiligung ausgerechnet an die Grünen und Kretschmann.

Kretschmann ist in dem Örtchen Spaichingen geboren, in dem Teufel lange Bürgermeister war und noch heute lebt. Beide sind keine Großstadtmenschen. Beide sind Moderatoren der unterschiedlichen Strömungen in ihren Parteien. Teufel hatte dazu schon als junger Fraktionsvorsitzender sein Meisterstück abgelegt. Er moderierte den Abgang des umstrittenen Ministerpräsidenten und ehemaligen Marinerichters und NSDAP-Mitglieds Hans Filbinger und den Übergang zu dem eher wirtschafts-liberal gesonnenen Lothar Späth. Das national-konservative Element verschwand nach und nach aus der Partei, gerade die Affäre Filbinger und dessen unbelehrbare Haltung zu seiner Vergangenheit haben dazu ihren Beitrag geleistet. Teufel war also auch ein Modernisierer der Partei, er führte sie an die Schwelle, an der in seinem Umfeld einige auch eine schwarz-grüne Koalition im Ländle für möglich oder sogar wünschenswert hielten.

Als Erwin Teufel im Sommer 2011 ans Rednerpult tritt und in Berlin beim Bundeskongress der Seniorenunion spricht, ist er Politrentner, seine beiden CDU-Nachfolger Günther Oettinger und Stefan Mappus haben sein Erbe nicht bewahrt. An der Niederlage der baden-württembergischen Union vom März 2011 leidet die ganze Partei. Nicht zuletzt deswegen, weil ohne starke CDU-Ergebnisse im Südwesten keine Mehrheiten auf Bundesebene denkbar sind. Doch Teufel hält bei den Partei-Senioren eine Rede, die vor allem ihn selbst als einen Leidenden vorstellt. Er beklagt auf drastische Weise die Lage der Partei. Nun ist es ausgerechnet der Modernisierer von einst, dem die Veränderungen seiner Partei zu weit gehen. Teufel mahnt Profil an, eine Rückbesinnung. Er schweige nicht mehr länger, sagt er, und wer ihn in den Monaten zuvor traf, merkte, dass der Ärger sich in ihm aufgestaut hatte. Loyalität gegenüber der Bundeskanzlerin hatte ihn lange davon abgehalten, sich zu Wort zu melden. Es war eine konservative Loyalität, die vor allem dem Amt galt und weniger der Person. Man schwärzt seine Kanzlerin und Parteivorsitzende nicht an. Eigentlich.

Inhaltlich setzt sich Teufel vor allem mit der Sozial- und Wirtschaftspolitik auseinander sowie mit der Familien- und Bildungspolitik. Er bündelt seine Rede in dem Satz: „Die CDU muss wieder die Partei der einfachen Leute sein." Für ihn bedeutet das eine „Orientierung am C". Wegen des Christlichen sei er in die Partei eingetreten. Sein Postulat lautet: „Die CDU darf nicht das ‚C' im Schilde führen, wenn sie sich nicht an ihm orientiert." Christlich sei für ihn, wenn die Wirtschaft dem Menschen dient und nicht umgekehrt. Christlich sei, wenn in der Familienpolitik das Kind im Mittelpunkt stünde und nicht die Interessen der Eltern. Teufel ärgert sich über das Elterngeld, das sei unsozial. Wütend ist er über die Abschaffung der Hauptschule und schließlich sieht er die Europapolitik kritisch. Seine Rede ist der Aufschrei eines Mannes, der seine Partei in der Krise sieht:

„Die CDU liegt derzeit weit unter ihren Möglichkeiten. Die CDU sollte deshalb ihre Stammwählerschaft wieder zu Anhängern machen". Die CDU solle den Rückgang des Glaubens und der Bindung der Menschen an Glauben und Kirche nicht beklagen, sondern „ihre Politik ausrichten am Schicksal der Menschen."

Teufels Rede wird in der „Frankfurter Allgemeinen Sonntagszeitung" abgedruckt und entfaltet eine gewisse bundesweite Wirkung. Es ist eine typische Sommerloch-Debatte, die Kanzlerin ist noch im Urlaub, und alle sprechen über sie und ihre Partei- und Regierungsführung. Was neben aller mehr oder weniger konkreten und inhaltlichen Kritik vor allem bleibt, ist das große Unbehagen des langgedienten Parteimannes Teufel. Es ist ein diffuses Gefühl, welches ihn und andere beschleicht. Ein Gefühl, dass die Partei ihnen entgleitet, dass Veränderungen eingesetzt haben, die zu stark sind.

Die allgemeine Klage machte sich immer wieder fest auch an der Abkehr vom „C", einer Negierung des Christlichen in der praktischen Politik. Dies findet sich ausformuliert etwa in der Schrift des bekannten konservativen Dominikanerpaters Wolfgang Ockenfels mit dem sprechenden Titel: „Das hohe C". Auch der Publizist Martin Lohmann formulierte in seinem Buch „Das Kreuz mit dem C", dass sich die Partei von ihrem Anspruch entferne. Dieser oft unbestimmte programmatische Frust steigert sich dann in dem Gefühl, das Regierungshandeln der Merkel-Kanzlerschaft führe am Kern der CDU vorbei, betreibe geradezu eine Kernspaltung der CDU. Verbunden werden diese Art Analysen mit der Haltung zu Kirche und Religion, mit den Fragen des Lebensschutzes und auch mit der Familienpolitik von Ursula von der Leyen. Beklagt wird entweder eine

„neoliberale" Wirtschaftspolitik oder eine neo-sozialistische. Abschaffung der Wehrpflicht. Energiewende und Integrationspolitik sind ebensolche Reizthemen. Immer wieder angeführt wird auch die als „Papstkritik" bekannt gewordene öffentliche Äußerung Merkels in Richtung Vatikan auf dem Höhepunkt der Williamson-Affäre. Sie scheint bei einigen aus der konservativ-katholischen CDU-Klientel einen derart wunden Punkt getroffen zu haben, dass noch die Erinnerung daran 2013, vier Jahre danach, Wut auszulösen vermag.

Was bleibt, ist vor allem die Unfähigkeit zu einem konservativen Gegenentwurf. Man könnte auch sagen, dem konservativen Spektrum fehle es an der selbst so beklagten Geschlossenheit und Schlagkraft. Dies wurde bei der Neuauflage der Teufel'schen Debatte im Sommer 2012 anschaulich, als sich der sogenannte „Berliner Kreis" formieren wollte – und zunächst daran scheiterte, ein „Manifest" zu formulieren, das aus dem undefinierbaren Gefühl konkrete politische Anklagepunkte hätte machen können.

Am 2. November 2012 schließlich lud der von dem hessischen Fraktionsvorsitzenden Christean Wagner initiierte „Berliner Kreis" zur Pressekonferenz ins moderne Hotel „Berlin, Berlin" unweit der CDU-Parteizentrale an der Klingelhöferstraße ein. Das Medieninteresse war groß, es konnten nicht alle Journalisten Platz nehmen, die sich in den Raum „New York" drängten. Wenn die Location etwas aussagen sollte über den Charakter der Veranstaltung, dann das: konservativ soll nicht altbacken daherkommen. Das schrille Design in dem Hotel ist so aggressiv, dass der Blick kaum Ruhe findet in dem bunten Wirrwarr. „Die Menschen erwarten von der Politik klare Antworten, Orientierung und Führung", erklärt Wagner dann die Motivation für den neuen konservativen Zirkel. „Wenn wir als Union eine starke politische Kraft bleiben wollen, darf nicht der Zeitgeist unser Handeln bestimmen."

Was das heißt, das soll die „Standortbestimmung" klären, die Wagner zusammen mit vier Mitstreitern vorstellt. Dabei wird bereits in den ersten Sätzen des Manifestes klar, was Dreh- und Angelpunkt auch der konservativen Analyse ist: verlorene Wahlen. Schwindende Macht. Elf verlorene Landtagswahlen, vier CDU-Ministerpräsidenten aus den Staatskanzleien gejagt, verlorene Oberbürgermeisterwahlen. Und schließlich das schlechteste Bundestagswahlergebnis seit 1949 bei den Wahlen 2009. Das solle sich ändern. Konservative wie Modernisierer in der Union eint die Sehnsucht nach Erfolg, der Machtwille. Deswegen ist der Streit auch nicht wirklich existenziell. Man versteht sich persönlich gut. Der konservative Wagner und der liberale Matthias Zimmer sitzen gemeinsam im Präsidium der hessischen CDU. Beide denken konzeptionell über die Zukunft der CDU nach, des Wahlerfolgs wegen. Deswegen haben sie jüngst vereinbart, einmal gemeinsam ein Papier zu verfassen, wie die CDU erfolgreich sein kann bei den am 22. September 2013 zeitgleich zur Bundestagswahl anstehenden hessischen Landtagswahlen.

So stellt sich der „Berliner Kreis" an jedem Morgen im Raum „New York" als nette und freundliche Runde vor. Hier sind keine konservativen Überzeugungstäter am Werk, die die Union in eine grundsätzlich andere Richtung lenken wollten. „Die Stärkung der wertkonservativen Wurzel in der Union ist ein wichtiges, aber nicht das ausschließliche Ziel des Berliner Kreises", heißt es in dem Manifest. Alle Wurzeln der Union müssten stärker zum Vorschein kommen. Kein Wort findet sich in dem Papier, das dieses oder jenes Regierungshandeln der Union offensiv angreifen würde. Als einer der Herren die Gleichstellung der gleichgeschlechtlichen Lebenspartnerschaft mit der Ehe missbilligt, fällt ihm Wagner gleich ins Wort: selbstverständlich lehne man jede Form von Diskriminierung ab.

Der „Berliner Kreis" fordert mehr Programmtreue, doch die Verschiebungen der CDU-Programmatik der zurückliegenden Jahre wollen auch die konservativen Pragmatiker nicht mehr zurückdrehen. Das Manifest belegt: Die richtig „Stock-" oder „Erz-Konservativen" gibt es in der Union gar nicht mehr, zumindest nicht in Amt und Mandat. So fordert der „Berliner Kreis" nicht die Abschaffung der eingetragenen Lebenspartnerschaft, die die CDU noch vor zehn Jahren abgelehnt hat. Stattdessen wird ein allgemeines Loblied auf Ehe und Familie als Grundpfeiler der Gesellschaft gesungen, das niemandem weh tut. Ein anderes Thema ist der Lebensschutz, mit dem Konservative in anderen Ländern ihre größte Mobilisierung erreichen und Aufmerksamkeit erlangen können. Es ist dem „Berliner Kreis" lediglich ein Satz wert. Der Schutz des Lebens genieße in allen Lebensphasen „Priorität". Es wird nicht die Überprüfung der Abtreibungsgesetzgebung gefordert, es wird nicht über Sterbehilfe gesprochen, noch werden die ethischen Probleme in der Biomedizin thematisiert. Das wäre wirklich gegen den Zeitgeist, doch selbst in der Union würde man sich damit ziemlich außerhalb des Diskurses stellen. Vor allem würde man sich unter den selbst ernannten Konservativen überhaupt nicht einig werden. Eine deutsche Tea-Party-Bewegung ist der „Berliner Kreis"

nicht – und sie ist am Horizont auch nicht zu sehen. Zu
klar ist den Akteuren auch, dass etwa die Abtreibungs-
thematik zwar wichtig, aber völlig untauglich für einen
politischen Erfolg ist. Zu gespalten sind noch immer
Land und Partei bei dieser Frage – und zu glücklich
sind alle, dass es eine Befriedung bei diesem Thema
gibt. Allein die „Christdemokraten für das Leben" (CDL)
versuchen das Thema im Diskurs zu halten – mit ziemlich dürftigem Erfolg.

Deutlich wird diese Zaghaftigkeit auch beim Thema
Europa. Profil ließe sich in der Union vielleicht erringen
mit einer klaren Kritik am Europa-Kurs der Kanzlerin.
Die Sorgen über die Gefahren der Rettungspolitik und
die Ängste vor Instabilität und Unbeherrschbarkeit der
europäischen Integration würde in der Bevölkerung auf
einen gewissen Nährboden fallen. Zudem wäre – im Fal-
le eines Scheiterns von Merkel – eine gewisse Machtperspektive mit dieser Position verbunden. In der Runde im
„Berlin, Berlin" sitzt auch Wolfgang Bosbach. Der Bundestagsabgeordnete und Innen-Experte seiner Fraktion
ist der prominenteste Abweichler bei der letzten Ret-
tungs-Abstimmung und zudem ist er somit auch das be-
kannteste Mitglied des „Berliner Kreises". Er sei konservativ, sagt er, wolle aber nicht ständig gefragt werden,
was das bedeute. Die Kritik an Teilen der europäischen
Rettungsmaßnahmen sei seine persönliche Haltung.
Diese wolle der „Berliner Kreis" sich nicht zu eigen machen. Wagner zumindest lässt kaum eine Gelegenheit
aus, Angela Merkel für ihre europäische Rolle zu loben.

Wenn es also eine Krise der Union gibt, dann vielleicht
die, dass sich noch nicht mal die Rebellen eine Rebellion
trauen. Der „Berliner Kreis" belässt es bei abstrakten For-

mulierungen und kleinen Seitenhieben. Der grobe Klotz bleibt aus. Sie fordern etwa eine „politische Konkretisierung des Begriffs freiheitlich-demokratische Leitkultur". Die Ausfüllung dieses Begriffs sei die richtige Antwort auf ein verbreitetes Bedürfnis nach Orientierung. Die Forderung, die sie damit verbinden, ist die deutsche Sprache im Grundgesetz zu verankern. Mehr nicht.

Die fünf unterschiedlichen Charaktere auf dem Podium bei der Konstituierung des „Berliner Kreises" illustrieren die ganze Bandbreite dessen, was sich hinter bürgerlich-konservativ verbergen kann. Die Grundlage für das Manifest hat der Sozialpolitiker Thomas Dörflinger, Bundestagsabgeordneter aus dem Schwarzwald, geliefert. Der gelernte Journalist, Jahrgang 1965, hatte bereits vor einem Jahr ein Papier verfasst und gleichgesinnten Kollegen zur Diskussion gestellt. Das war noch stärker sozialpolitisch ausgerichtet als das vorgestellte Manifest. Dörflinger ist Bundesvorsitzender des Kolpingwerkes. Mit 250.000 Mitgliedern in bundesweit 2.600 Kolpingsfamilien vor Ort war und ist das Kolpingwerk eine mächtige Struktur in der Kirche und ein einst wichtiges Bindeglied im vorpolitischen Raum zwischen Kirche und CDU. Das Kolping-Signet am Revers war in ländlichen Regionen geradezu ein Pflichtabzeichen erfolgreicher Christdemokraten.

Doch versteht sich Kolping politisch als soziales Gewissen von Kirche und Politik. Arbeitslosigkeit, Rentenpolitik, Familienfragen sind die Themen, die den Verband bewegen. Das Problem der niedrigen Löhne war Hauptthema der sogenannten Wahlprüfsteine, mit denen der Kolpingverband im Bundestagswahlkampf 2009 an die Öffentlichkeit getreten ist. Klar wurde die Forderung nach einem gesetzlichen Mindestlohn formuliert.

Nun also ist der Kolping-Bundesvorsitzende auch Mitglied im „Berliner Kreis". Doch dort heißt es im Manifest, ein staatlich verordneter Mindestlohn werde „ausdrücklich" abgelehnt. In der politischen Lyrik der CDU lässt sich das alles zusammenbinden. Denn die neue Linie der Partei ist, dass es zwar eine Lohnuntergrenze geben soll, diese aber nicht staatlich verordnet wird. Das haben auch einige Wirtschaftsleute in der Union längst erkannt. Der Vorsitzende des einflussreichen Parlamentskreises Mittelstand der CDU/CSU-Bundestagsfraktion und frühere Präsident des Bundesverbandes des deutschen Groß- und Außenhandels Michael Fuchs hat zusammen mit dem Sozialpolitiker Laumann an der neuen Linie gearbeitet und kräftig für sie geworben. Denn der Ruf nach einem Mindestlohn war in der sozial und auch christlich orientierten Mitgliedschaft unüberhörbar geworden. Doch dass ein konservativer „Berliner Kreis", der das Profil schärfen will, diese Lösung nicht angreift und nach „mehr Markt und weniger Staat" ruft, ist verblüffend. Der „Berliner Kreis" vollzieht genau das im Kleinen nach, was die Union im Ganzen tut: er moderiert über die Gegensätze hinweg.

Mit Thomas Dörflinger sitzt Thomas Bareiß auf dem Podium des „Berliner Kreises". Der Abgeordnete kommt auch aus Baden-Württemberg, ist evangelisch und hat sich als Energiepolitiker einen Namen gemacht. Mindestlöhne lehnt er eigentlich ab. „Ein gesetzlicher Mindestlohn trifft die Schwachen und Geringqualifizierten, die gerade erst den Wiedereinstieg in den Arbeitsmarkt geschafft haben. Insbesondere Ostdeutschland würde massiv unter der Einführung leiden. Das kann und darf nicht unser Ziel sein", schreibt er auf eine Bürgeranfrage im Portal „abgeordnetenwatch.de". Doch auch er trägt natürlich den Unions-Kompromiss mit, der Lohnuntergrenzen in der Hand der Tarifparteien vorsieht. „Wir müssen wieder Garant für ein klares Wirtschaftsprofil und Innere Sicherheit werden", sagt Bareiß in einem Interview. Doch dieses Profil, etwa eine stärker wirtschafts-liberale Positionierung, findet sich im Manifest des „Berliner Kreises" gerade nicht wieder. Sie wäre vielleicht für die Union vonnöten. Mit den anderen Mitstreitern der Runde ist das aber nicht zu machen. Warum gibt es keinen Verteidiger der Leipziger Reform-Beschlüsse? Das würde Ärger bringen, aber auch kantig sein. Wer wird dafür sorgen, dass am Projekt einer großen Steuerreform und Gesundheitsreform festgehalten wird? Wer handelt sich dafür den Ärger ein?

Es gibt eine radikal-konservative Beißhemmung, die mit der historisch bedingten Tabuisierung und Ächtung rechts-nationalistischer Gesinnungen im demokratischen Spektrum der Parteien zu tun hat. Auch ist zu bezweifeln, ob ein „Blinken nach rechts" ausgerechnet dem Ziel dienen würde, die CDU wieder über 40 Prozent zu hieven. Insofern bleibt der „Berliner Kreis" ganz in der Tradition der CDU. Eine Rolle rückwärts in der Migrationspolitik will die Runde nicht. Insofern sind Formulierungen wie, dass es einen „Kultur-Bonus" oder einen „Migrations-Bonus" bei Straftaten nicht geben dürfe, so richtig wie mehrheitsfähig. Die Betonung dieses Punktes vermag aber vielleicht die Migrations-Politiker in der Union daran erinnern, dass es nicht nur um Wohlfühl-Rhetorik geht: „Daher hat auch die Scharia nichts in unserem Kulturkreis zu suchen. Wenn wir hier Zugeständnisse machen, öffnen wir der Entstehung von Parallelgesellschaften und einer Paralleljustiz Tür und Tor." Zugleich heißt es in dem Manifest, Religionsfreiheit sei ein hohes Gut und von den Migranten dürfe nicht die Aufgabe der eigenen kulturellen und religiösen Herkunft verlangt werden. So etwas wäre auf jedem Bundesparteitag der CDU wahrscheinlich Konsens. Was es in anderen Ländern, wie in den Niederlanden oder Frankreich, gibt, etwa Kritik an repräsentativen Moscheebauten, an Verschleierung oder gar an der Praxis der Beschneidung, das formuliert öffentlich in der CDU derzeit keiner. Markige Sprüche gibt es (fast) nicht.

Deutlichere Kritik am Merkel-Kurs findet sich bei der Initiative „Linkstrend stoppen". Gegründet hat sie der Rechtsanwalt Friedrich Wilhelm Siebeke, der bundesweit auffiel, weil er sich als Parteirichter gegen den Ausschluss des früheren Bundestagsabgeordneten Martin Hohmann gewandt hatte. Seitdem engagiert er sich für ein konservativeres Profil der Partei, wobei er vor allem europakritische Töne anschlägt, auf eine falsche Gesellschaftspolitik verweist und den „Weg in den Schuldenstaat" anprangert. Prominentester Mistreiter ist Werner Münch, der frühere CDU-Ministerpräsident von Sachsen-Anhalt. Auf der Homepage wird auf „befreundete Seiten" verwiesen, darunter das „Studienzentrum Weikersheim", das sich ebenfalls als Hort konservativen Denkens in der Union sieht. Angela Merkel begrüßte neulich auf einer Regionalkonferenz einen „Demonstranten" von „Linkstrend stoppen" mit freundlicher Ironie. „Wir kennen uns ja schon gut", sagte sie ans Publikum gewandt, nachdem der Aktivist eine Frage gestellt hatte. Er müsse ja durchs ganze Land reisen – von CDU-Veranstaltung zu CDU-Veranstaltung – immer ihr nach. So sind die Flugblätter und Fähnchen von „Linkstrend stoppen" zum Ritual geworden – (noch) ohne Folgen.

Als letzte Konservative der CDU wird oft Erika Steinbach beschrieben. Auch sie lässt sich zu den Unterstützern des „Berliner Kreises" zählen, doch ist sie öffentlich in dieser Rolle noch nicht aufgetreten. Sie hat sich in ganz andere Stürme gestellt. An der in einer Kampfabstimmung wieder nominierten Frankfurter Bundestagsabgeordneten und Vorsitzenden des Bundes der Vertriebenen (BdV) lässt sich studieren, was es wirklich heißt, in der CDU traditionell-konservative Positionen zu vertreten. Die Vertriebenen waren immer eine wichtige Machtstütze der CDU. Noch heute rühmt sich der Verband, mit über einer Millionen Mitgliedern stärker zu sein als alle Parteien zusammen. Die Integration dieser Bevölkerungsgruppe und auch die Integration ihrer Leidenserfahrung in die Erinnerungskultur hat insbesondere die CDU geleistet. Damit einher ging ein Liebäugeln mit als „rechts" geltenden Positionen innerhalb des politischen Spektrums. Steinbach selbst hat ihr Engagement für das Schicksal der Vertriebenen immer als Versöhnungsprozess beschrieben. In den öffentlichen Debatten hingegen wurde sie als Revanchistin wahrgenommen. Steinbachs „Ursünde" ist ihr Abstimmungsverhalten 1991 im Bundestag, als sie gegen die Anerkennung der Oder-Neiße-Grenze stimmte. Sie selbst begründete ihr Verhalten mit ungeklärten Eigentumsfragen.

Zuletzt eskalierte die Auseinandersetzung um Steinbach bei der Besetzung des Beiratspostens der „Stiftung Flucht, Vertreibung, Versöhnung", des von ihr und dem verstorbenen Peter Glotz (SPD) mitinitiierten Zentrums gegen Vertreibungen. Aus Polen gab es massiven Protest gegen Steinbach, die auch mit ihrer öffentlichen Verunglimpfung einherging. Auch in der SPD wurde sie als nicht tragbar bezeichnet. Sie verzichtete schließlich auf den Posten, auch weil es in der neuen christlich-liberalen Regierungskonstellation nicht genug Unterstützung für sie gab. Ebenfalls 2010 zog sie sich aus der CDU-Führung zurück. Anlass dafür war ein Streit im Parteivorstand über die Kriegsschuld. Steinbach hatte mit missverständlichen Äußerungen für Unmut gesorgt. Parteifreunde warfen ihr „Geschichtsklitterung" vor. Sie klagte über einen Mangel an Debattenkultur. Jeder kenne die Urheber des Zweiten Weltkriegs, jeder kenne auch „die Barbareien des nationalsozialistischen Deutschland und das grenzenlose Leid, das dadurch über Europa gekommen ist", erklärt Steinbach auf ihrer Homepage politisch korrekt. Aber eine Barbarei dürfe die andere niemals entschuldigen oder gar rechtfertigen. Steinbach ist im Bundestag im Menschenrechtsausschuss aktiv. Nicht allen gefällt das, weil sie so vergangene Menschenrechtsverletzungen an deutschen Vertriebenen gedanklich-politisch mit heutigen auf eine Stufe stellen könne. Als konservative Stimme zieht sie aber immer noch mehr Aufmerksamkeit auf sich als manche Salonrunde. Sie ist für Merkel so etwas wie ein verlässlicher Außenposten. Regelmäßig besucht Merkel die Vertriebenenveranstaltungen, und die Merkel-Kritikerin Steinbach lobt dann natürlich die Kanzlerin. So wie Merkel weiß, dass Steinbach bisweilen bewusst falsch verstanden wird.

Steinbach twittert aktiv. Sie hat keine Berührungsängste. Sie schreckt nicht vor so manchem „Shit-Storm" zurück. Jüngst mischte sie sich in die „Sexismus-Debatte" rund um Rainer Brüderle ein und warnte vor klinisch-reinen Gesprächen zwischen den Geschlechtern. Die Welt wäre ohne „flirt-willige" Männer ärmer und überhaupt sei sie eine emanzipierte Frau, die sich wehren könne, erklärte die Konservative in einem Interview.

Das macht Erika Steinbach zu einer Ausnahmeerscheinung in der CDU. Die protestantische Papstverehrerin und Violinistin, die erst durch „Fischers Putztruppe" im aufgewühlten Frankfurt der „68er-Jahre" politisiert wurde, überrascht immer wieder mit so pointierten wie oftmals missverständlichen Äußerungen. Doch dadurch entsteht so etwas wie Profil. Kein Wunder, dass sie als ihr Vorbild den hessischen CDU-Mann und langjährigen Fraktionsvorsitzenden im Bundestag, Alfred Dregger, nennt.

Das „C"

Im Jahr 2011, als wieder einmal eine Debatte über das „C" der CDU durch die Öffentlichkeit rauschte, hat Parteichefin Angela Merkel sich an einem Montag ihre Vorstandsmitglieder zur Brust genommen. Jeder müsse jetzt mal auf zwei bis drei Seiten aufschreiben, was für ihn das „C" im Parteiname bedeute. Verpflichtung für alle! Mancher in der Runde erschrak doch etwas ob der Hausaufgabe und empfand sie eher als Strafarbeit. Nicht jeder lieferte dann auch mit Freude einen kleinen theologischen Essay ab wie Annette Schavan, die ein Jesus-Gleichnis ausdeutete, oder beschrieb freimütig sein morgendliches Innehalten mit dem Bibelvers auf dem iPad wie Hermann Gröhe. Die meisten klammerten sich doch an der Formel vom christlichen Menschenbild fest oder am „C" als Markenkern, der irgendetwas mit Werten zu tun habe. Mancher Text wird von Mitarbeitern geschrieben worden sein, so ist das halt im Politikbetrieb. Die Aufsätze wurden zu einer Broschüre zusammengesetzt, die dann im November auf dem Bundesparteitag verteilt wurde. In den Medien tauchte sie kaum auf – allenfalls als kleine Beigabe im großen Parteitagsfeature. Mit C-Debatten kann man die Partei langweilen. Und doch scheint die Partei eine Selbstvergewisserung zu brauchen. Unverkrampft und nicht nur akademisch. Manchmal helfen Symbole. Bislang hat sie sich bei dem „C" auf die Kirchen und das verankerte Christentum im Land verlassen, doch verlieren die Kirchen massiv an Rückhalt und der christliche Glaube ist auch im Schwinden.

Auf der Suche nach dem „C" im Bermudadreieck von Partei, Kirche und Glaube gibt es manche Auffälligkeiten. Beispielsweise fördert die Religionsstudie der Konrad-Adenauer-Stiftung zutage, dass die Haltung der Unions-Anhänger zu Fragen des Lebensschutzes keineswegs katholisch-kirchlich bestimmt ist. 76 Prozent der Befragten lehnen es ab, dass ein Schwangerschaftsabbruch „grundsätzlich verboten" sein sollte. Und dies obwohl bei derzeitiger Rechtslage eine Abtreibung grundsätzlich untersagt ist und nur straffrei gestellt wird. Unter den regelmäßigen Kirchgängern liegt die Forderung nach einem grundsätzlichen Verbot im Übrigen bei rund 50 Prozent, also keineswegs mit großer Mehrheit auf einer lehramtlich festgeschriebenen Linie der katholischen Kirche. Ähnlich liberal denkt offenbar die Mehrheit der Unionisten bei ethischen Fragen am Ende des Lebens. Sterbehilfe, die in Deutschland verboten ist, hält offenbar eine große Mehrheit der Befragten für richtig. Den Befragten in der Untersuchung wird folgender Satz vorgelegt: „Einem unheilbar Kranken sollte auf Verlangen Sterbehilfe gewährt werden." Dieser Aussage stimmen in der Erhebung 72 Prozent der CDU/CSU-Anhänger zu, 22 Prozent lehnten sie ab.

Das Auseinanderdriften des binnen-kirchlichen Milieus und der CDU-Welt in moralisch-ethischen Fragen ist kein neues Phänomen. Es war schon in der Adenauer-Zeit angelegt und wurde durch einen gewissen rheinisch gefärbten antiklerikalen Affekt Adenauers verkörpert und gewann in den 1970er-Jahren mit den Veränderungen der Parteistruktur an Fahrt. Der Politologe Antonius Liedhegener schreibt: „Die christdemokratische Programmatik der Partei wurde von den schwindenden milieustrukturellen Voraussetzungen entkoppelt, um das Leitbild gegen die Säkularisierungstendenzen der Gesellschaft abzuschirmen." Es lässt sich sogar zugespitzt sagen, dem „C" wurde sowohl die Kirchlichkeit als auch der Glaube amputiert. In den ersten Programmschriften der Union war Gott als Bezugspunkt und die Gemeinschaft der Gläubigen noch Ausgangspunkt der Sammlungsbewegung. Inzwischen ist das „C" abgerückt vom Persönlichen hin zu einer allgemeinen Formel eines „christlichen Menschenbildes", die handlicher und handhabbarer im Politikbetrieb ist. Gegen diese Selbstsäkularisierung des „C" gab es immer wieder auch Kritik von der Kirche, aber mit schwindender Durchschlagskraft. Wenn schon der große katholische Sozialethiker Oswald von Nell-Breuning in den ersten Jahrzehnten der Parteigeschichte beklagte, die CDU habe „das ,C' ausgeschwitzt", so mag man den ähnlichen Reflex von Kardinal Joachim Meisner als einen stereotypen Seitenaspekt der Beziehungen von CDU und Kirche sehen. Die große Nähe hat auch zu einer besonders ausgeprägten gegenseitigen Beobachtung geführt.

Abseits von konkreten inhaltlichen Fragen macht das „C" hingegen wieder Karriere. In der Krise scheint es auch eine Rückbesinnung auf den eigenen Namen zu geben. Die CDU in Baden-Württemberg hat sich nach dem schmerzlichen Verlust der Macht eine „Zukunfts-Werkstatt" verordnet. Im Juli 2012 hat ein Landespartei-tag dann Grundsätze zur Ausrichtung der Partei ver-abschiedet. Sie seien Teil eines „Erneuerungsprozesses" und verbunden mit dem Eingeständnis, auch „Fehler ge-macht" zu haben. In dieser Ausarbeitung taucht der Got-tesbezug plötzlich wieder auf. Nicht nur „christliche Wer-te" werden angeführt. Vielmehr stellt die CDU nun fest: „Der Mensch ist ein Geschöpf Gottes. Für uns ist die Rückbindung an Gott der Garant und die Grundlage von Menschenwürde und Freiheit." So viel „C" war lange nicht zu hören. Was dann daraus folgt, ist wiederum eine andere Sache.

Noch gravierender als die Säkularisierung des „C" sind vermutlich die Veränderungen in der Zuschreibung des-sen, was von dem „C" zu halten ist. Die politischen An-sichten der CDU-Anhänger und das, was sie mit dem „C" verbinden, haben sich grundlegend verändert. Der Politologe Thomas Petersen vom Institut Allensbach schreibt, mit „christlichen Werten" würden sogar „eher links-liberale als konservative Werte" identifiziert. In ei-ner aktuellen Erhebung veranschaulicht er diesen Links-ruck des Christlichen. Sich für Schwache einzusetzen wird dabei mit 72 Prozent als christlicher Wert identifi-ziert. Demgegenüber wird das Eintreten gegen Abtrei-bung mehrheitlich als „konservativ", aber nicht als „christlich" veranschlagt. Auch die Ablehnung einer rechtlichen Gleichstellung von gleichgeschlechtlichen Paaren mit der Ehe wiederum wird mehrheitlich nicht mit dem Signet „christlich" versehen, sondern mehr-heitlich als „konservativ" qualifiziert. Wobei insgesamt gilt, dass „christlich" von der Mehrheit der Bevölkerung als positives Merkmal gesehen wird, während „konservativ" als Beschreibung von Politik abgelehnt wird. 53 Prozent der Befragten wünschen sich generell eine Orientierung der Politik an „christlichen Werten". Das heißt, potenzielle Bindekraft für die auseinanderdriftende Unionsfamilie hat das „C" durchaus – auch wenn es als Projektionsfläche für ganz Unterschiedliches dient. Doch war das schon in den Gründertagen der CDU gegeben.

Bei der institutionalisierten Beziehung der Partei zur katholischen Kirche ist ebenso eine deutliche Veränderung zu beobachten. Galt in der Bonner Republik die sogenannte „Äquidistanz" allenfalls auf dem Papier, das heißt, der gleichgroße neutrale Abstand der Kirche zu den politischen Parteien, so wurde diese doch erst deutlicher sichtbar vollzogen nach dem Umzug der Regierung nach Berlin. Die Beziehung der katholischen Kirche zu den anderen Parteien hat dabei jeweils ihre eigene Geschichte. Die SPD nähert sich seit den 1970er-Jahren an die Kirchen an, Wegbereiter war dabei der Kirchenreferent beim Parteivorstand, Burkhard Reichert. Die Grünen, mit denen das „Tischtuch" als zerschnitten galt, begannen einen intensiven Austausch mit den Kirchen vor allem durch die Abgeordnete Christa Nickels. Während Kardinal Karl Lehmann als damaliger Vorsitzender der Deutschen Bischofskonferenz und Freund von Helmut Kohl freudig berichtete, wenn er vom Katholischen Büro in die nahe Parteizentrale der Grünen eingeladen wurde, begann die ehedem enge Beziehung zur CDU zu kriseln. Die CDU ist der ungeliebte Sohn geworden, zu nah, um ihn zu verstoßen, doch bisweilen so weit entfremdet, dass man sich im gegenseitigen Missverstehen verheddert.

Die organisierte Form des politischen Katholizismus war und ist das Zentralkomitee der deutschen Katholiken (ZdK). Es war bis Ende der 1980er-Jahre klar CDU-dominiert und lässt sich durchaus als eine Art CDU-Vorhof beschreiben. Im ZdK sind wiederum katholische Verbände sowie die Vertreter der diözesanen Katholikenkomitees organisiert, zudem werden Persönlichkeiten des öffentlichen Lebens hinzugewählt. Alle Präsidenten des ZdK nach dem Krieg waren Unions-Politiker. An Bernhard Vogel lässt sich dies beispielhaft illustrieren: Der zweifache CDU-Ministerpräsident (Rheinland-Pfalz und Thüringen) war von 1972 bis 1976 ZdK-Präsident. Der organisierte Laienkatholizismus war eine Art Kraft-Anker für ihn, ein Rekrutierungsfeld, so was wie ein Truppenübungsplatz. Dabei war der Wunsch, die Kirche zu verändern, ebenso stark wie das Bestreben, in die CDU einzuwirken und die Gesellschaft zu gestalten.

Diese Nähe schien zeitweilig verflogen. Der Familienstaatssekretär Hermann Kues zog seine Kandidatur um das Präsidentenamt auf der ZdK-Vollversammlung im Frühjahr 2009 zugunsten des Parteifreundes Heinz-Wilhelm Brockmann zurück. Kues musste sich den Vorwurf anhören, als Kabinettsmitglied von Bundeskanzlerin Angela Merkel ungeeignet zu sein. Brockmann als Vertreter der Osnabrücker Diözesanrats hingegen wurde trotz seines ebenfalls vorhandenen CDU-Engagements und seines Jobs in der hessischen Landesregierung als „kirchlicher" angesehen. Es folgten weitere Turbulenzen, weil die Bischofskonferenz Brockmann nicht die notwendige Zustimmung gewährte. Doch abseits der innerkirchlichen Kontroverse war es bezogen auf Kues ein Streit um das Maß an Nähe zur Politik. Das ZdK hat sich in gewisser Weise entpolitisiert und deutlich breiter aufgestellt. Mit Wolfgang Thierse und Karin Kortmann sind prominente SPD-Politiker vertreten. Auch der einzige grüne Ministerpräsident, Winfried Kretschmann, ist Mitglied im ZdK.

Hermann Kues ist noch ein Vertreter oder zumindest Spross dieses für die CDU einst so maßgeblichen Milieu-Katholizismus. Der gebürtige Emsländer wächst in einem Dorf als Sohn des Bürgermeisters auf. Die kirchliche Sozialisation als Messdiener ist selbstverständlich. Aus dem kirchlichen Engagement als Gruppenleiter erwächst und entsteht berufliche Orientierung und politisches Engagement. Das Bistum Osnabrück hatte ausgerechnet in Kues' Heimatdorf Holthausen bei Lingen eine Katholische Akademie errichtet, die für ihn Anlaufpunkt und später Betätigungsfeld wurde. Gründungsdirektor dieses Ludwig-Windthorst-Hauses wurde 1962 der Volkswirt Werner Remmers, der zuvor in Münster beim späteren Bischof und Kardinal Josef Höffner am Institut für Christliche Sozialwissenschaften studiert hatte. Remmers, der zum Landesminister in Hannover und prägenden Kopf der CDU und des ZdK wurde, hatte wiederum seine ersten beruflichen Erfahrungen am Franz-Hitze-Haus gemacht, der katholischen Akademie des Bistums Münster. Dortiger Leiter und Förderer von Remmers war Albrecht Beckel. Dieser hatte die Akademie in Münster aufgebaut, war zugleich in der CDU aktiv. Acht Jahre war er Oberbürgermeister der Westfalenmetropole. Fast zeitgleich war er Präsident des ZdK. 20 Jahre, bis 1990, saß er für die CDU im nordrhein-westfälischen Landtag. Sein Nachfolger wurde Thomas Sternberg. Der

Theologe folgte ihm sowohl was die CDU anging im Landtagsmandat als auch in der Leitung des katholischen Hauses. Sternberg ist wie Beckel auch Mitglied des ZdK. Die Verbindung von CDU und engagiertem Laienkatholizismus zeigt sich hier als große Familie, in der sich Parteiengagement und Einsatz für die Kirche personell und in den Funktionen überschnitten.

In Lingen-Holthausen entdeckte Remmers Hermann Kues und band ihn früh ans Ludwig-Windthorst-Haus, dessen stellvertretender Leiter er wurde. Später folgte Kues Remmers nach Hannover. Remmers wiederum wechselte nach der verlorenen Landtagswahl 1990 noch mal zurück in den kirchlichen Dienst und wurde Gründungsdirektor der Katholischen Akademie in Berlin. Von Anfang an war mit seiner Person auch ein politisches Profil der Akademie verbunden. Kues wurde Bundestagsabgeordneter und schließlich 2005 Parlamentarischer Staatssekretär im ersten Kabinett Merkel. Einen bundespolitischen Namen hatte er sich zuvor als kirchenpolitischer Sprecher seiner Fraktion gemacht. Vor allem in den brisanten Debatten um embryonale Stammzellforschung hat er dieses Amt als Schnittstelle von Kirche und Politik mit Leben ausgefüllt.

Aus der Führungskrise im ZdK ging schließlich der CSU-Politiker Alois Glück als neuer ZdK-Präsident hervor – und damit doch ein prominenter Unions-Mann. Doch ganz anders als zur Zeit von Vogel stand Glück am Ende seiner politischen Karriere und war eben zuletzt nicht durch parteipolitische Polarisierung, sondern durch Grundsatzdebatten aufgefallen. Eine parteipolitische Instrumentalisierung würde Glück nicht mehr einfallen. Vielmehr repräsentiert er heute einen politischen Katholizismus, der zwar in der Union beheimatet ist, aber deutlich darüber hinaus weist. Dass die Kanzlerin Alois Glück in die Ethikkommission zur Energiewende berufen hat, deutet dies bereits an. Der Atomausstieg war in kirchlichen Kreisen längst grün-schwarz-roter Konsens. Der Laienkatholik Glück konnte dies mit in die Kommission einbringen. Ähnlich verhält es sich bei anderen Themen, etwa in der Sozialpolitik, bei der Wachstumskritik, einer kritischen Haltung zu Rüstungsexporten, grüner Gentechnik oder auch zur Entwicklungspolitik. Hier gibt es parteiübergreifend im ZdK einen größeren Konsens, als es ihn etwa mit oder in der CDU gibt. Vor allem aber hat das ZdK sich in den zurückliegenden Jahren mehr als innerkirchlicher Akteur begriffen als politisch wirkungsmächtig zu sein.

Inwieweit sich das in Zukunft ändert, ist noch offen. Der neuen im Herbst 2012 gewählten ZdK-Vollversammlung gehören erstmals seit langem wieder mehrere aktive CDU-Spitzenpolitiker an. Mit der rheinland-pfälzischen CDU-Landesvorsitzenden Julia Klöckner und dem nordrhein-westfälischen Landeschef Armin Laschet sind sogar zwei der fünf Stellvertreter der Bundesvorsitzenden Merkel Mitglied des obersten katholischen Laiengremiums. Außerdem gehören die Ministerpräsidentin des Saarlandes, Annegret Kramp-Karrenbauer, dem CDU-Präsidium sowie der Ministerpräsident von Sachsen Anhalt, Reiner Haseloff, dem CDU-Parteivorstand an. Beide sind auch neu im ZdK. 2013 wird ein neuer ZdK-Präsident gewählt, wenn Glück aufhört, wird sich zeigen, ob dies wieder ein CDU-Mann oder eine CDU-Frau wird – wer weiß, ob das noch als zwingend empfunden wird.

Die wichtigste Katholikin der CDU war bis vor kurzem Annette Schavan. Sie war sicher das theologisch gebildetste Regierungsmitglied an Merkels Kabinettstisch.

In der CDU war sie sozusagen die Fachfrau für das „C“. Sie versuchte auch, Merkel in die katholische Gedankenwelt einzuführen. Kein leichtes Unterfangen. Schavan entstammte dem rheinischen Katholizismus, elf Jahre war sie Vize-Präsidentin des ZdK. Mit ihrem Weggang fehlt ein prominentes Bindeglied zwischen katholischer Kirche und CDU. Mehr noch: Die einst katholisch dominierte CDU hat kaum noch prominente Katholiken an der Spitze. Parteivorsitz, Generalsekretär und auch Fraktionsvorsitz sind in protestantischer Hand. Im Kabinett sind alle CDU-Minister bis auf Peter Altmaier nicht mehr katholisch. Das Ganze ist nicht mehr als ein Indiz. Einen Konfessions-Proporz gibt es nicht mehr. Viel hängt am Zufall. Immerhin ist der Bundestagspräsident Norbert Lammert ein engagierter wie streitbarer Katholik. Auch bei Nachwuchsleuten und unter den Ministerpräsidenten finden sich bekennende Katholiken. Doch die Gewichte haben sich verschoben.

In der CDU gibt es den Evangelischen Arbeitskreis. 1952 von Hermann Ehlers gegründete, sollte er dem katholischen Übergewicht entgegenwirken. Inzwischen hat er als innerparteiliche Sonderorganisation ein Eigenleben entwickelt. Seine ursprüngliche Funktion ist in dem Maße nicht mehr gegeben. Generalsekretär Gröhe war Mitglied im Rat der Evangelischen Kirche in Deutschland und Synodaler seiner Kirche. Eine vergleichbar enge Beziehung zum Protestantismus und eine so gute intime Kenntnis der evangelischen Kirche hat es wohl noch nie in der Führungsspitze der CDU gegeben. Auch Angela Merkel ist als Pfarrerstochter sicher, trotz aller Unkenrufe, an Bibelfestigkeit und Glaubenswissen ihren Vorgängern im Amt nicht unterlegen. Mit Volker

Kauder an der Fraktionsspitze ist ein konservativer Protestant in führender Stellung tätig, dem auch das „C" der CDU nicht mühsam beigebogen werden muss. Was aber anders ist als in früheren Unions-Zeiten, ist, dass eben dieser selbstbewusste Protestantismus an der Spitze der CDU sich auch die Definition des „C" nicht vorschreiben lässt bzw. sich nicht so leicht irritieren lässt von episkopalen oder anderen Einwürfen. Doch Anstöße von außen können wichtig sein. Das „C" war immer auch etwas ein Stachel im CDU-Fleisch, über dessen Deutungshoheit man nicht gänzlich selbst verfügte. Ein hilfreiches Korrektiv.

It's the economy, stupid

Ihren ausgeprägten Sinn für Humor zeigt Angela Merkel öffentlich nur selten. Meistens sind es kleine ironische Gesten oder bisweilen witzige Randbemerkungen. Bei der Festveranstaltung der CDA zum 75. Geburtstag von Sozial-Veteran Norbert Blüm sagte die Kanzlerin spitz, die CDU sei keineswegs die Unterabteilung des BDI, des Bundesverbandes der deutschen Industrie. Die CDU müsse sich mit einem neuen Wachstumsbegriff, mit einer Wiederentdeckung der Fortschrittsidee unter neuen Vorzeichen beschäftigen. Das bringe zwar Ärger mit dem Wirtschaftsleuten, das aber müssten die halt ertragen. Die Lacher waren auf ihrer Seite.

Was das Verhältnis Wirtschaft und Soziales angeht, ist die CDU natürlich die Ausgleichsmaschine, die sie in allen Politikfeldern ist. Merkel wurde in einem Fernsehinterview gefragt, wie sie Kindern die CDU erkläre. Es gehe um Geld verdienen und um Geld ausgeben, sagte die Parteichefin. Die CDU kümmere sich um beide Seiten. Dass die Wirtschaft laufe, Arbeitsplätze geschaffen würden und Geld eingenommen werden könne. Und dann kümmere sie sich auch darum, dass das mit Steuern eingenommene Geld den Schwächeren der Gesellschaft zugute komme. Das ist fürs Schulbuch passend, doch ist in der allgemeinen Wahrnehmung der Partei und auch bei den Mitgliedern die Wirtschaftskompetenz das eigentlich hervorstechende Alleinstellungsmerkmal. Bei Meinungsumfragen rangiert die CDU regelmäßig in diesem Politikfeld ganz weit vorne, abgeschlagen selbst die FDP. Etwa seit 2002 liegt die CDU zumeist weit vor der SPD. Die SPD konnte die CDU nur zur Hochzeit der Kanzlerschaft Schröders von 1999 bis 2002 in Sachen Wirtschaftskompetenz übertrumpfen. Wenn sie später in den Umfragen überholt wurde und sie nicht die „Mehrheit" hatte in dieser Frage, dann bei der Gruppe von Menschen, die „keine Partei" angaben, die schlicht mit allem Angebotenem unzufrieden waren. Seit Ende 2011 allerdings, so zeigen es die Zahlen des Politikbarometers der Forschungsgruppe Wahlen, stabilisieren sich die Werte für die Union deutlich. Die Frustrierten werden weniger – und die CDU hat das Politikfeld wieder für sich entschieden.

Die Wirtschaftspolitik ist immer Dreh- und Angelpunkt der Partei gewesen. „It's the economy, stupid!" – der Ausspruch aus dem Wahlkampf des amerikanischen Präsidenten Bill Clinton von 1992 passt zur Befindlichkeit der CDU. Zu den Gründungsmythen der Partei gehören das Wirtschaftswunder und die Wirtschaftspolitik eines Ludwig Erhard, die „Erfindung" der Sozialen Marktwirtschaft, das Unternehmertum und die Kraft des deutschen Mittelstands. Wirtschaft ist in der CDU so etwas wie ein Totschlagargument. Nicht ohne Grund hat die CDU zum Auftakt des Wahljahres 2013 in ihrer „Wilhelmshavener Erklärung" zur Vorstandsklausur ihre eigene selbstattestierte Wirtschaftskompetenz herausgestellt. Und die Wirtschafts- und Finanzkrise, die Deutschland bislang zwar mit großem Einsatz, aber noch ohne tiefgreifende Blessuren durchschritten hat, ist ein geradezu idealer Hintergrund für CDU-Wahlkampfstrategen. Merkels Agieren in der Euro-Krise zahlt sozusagen auf die wichtigste Zuschreibung der Menschen bezüglich der CDU ein: „Die können mit Geld umgehen", und „Die verstehen was von Wirtschaft." Nebenbei passt die derzeitige Krisenbewältigung auch zur zweiten wichtigen Charakterisierung der CDU – nämlich die der Europa-Partei. Die Wirtschaftsorientierung hat natürlich auch ihre Kritiker etwa in der Debatte um Rüstungsexporte oder bei der Frage der Bewertung von deutschen Wirtschaftsinteressen im Zusammenhang mit Auslandseinsätzen der Bundeswehr. Natürlich ist zudem die Achillesferse dann die von der politischen Konkurrenz geradezu reflexhaft thematisierte Gerechtigkeitsfrage. Trotz aller Auflösungsentscheidungen der politischen Lager bleiben doch diese Stereotypen erhalten.

Doch es gibt Probleme nicht mit den Feinden, sondern mit den Freunden. Der „Wirtschaftsrat Deutschland", eine CDU-nahe Organisation, versteht sich als Interessenvertreterin der unternehmerischen Wirtschaft im Konzert derjenigen Arbeitskreise und Gruppen in der Union, die zwar nicht satzungsmäßig verankert sind, aber doch Schützenhilfe oder auch Kritik üben. Im Mai 2011 hat der Wirtschaftsrat zusammen mit dem Meinungsforschungsinstitut forsa 10.000 seiner Mitglieder angeschrieben. Die rund 2500 Rückmeldungen offenbarten ein überraschendes Bild. 56 Prozent gaben an, „weniger zufrieden" oder „gar nicht zufrieden" mit dem wirtschaftspolitischen Profil der Partei zu sein. Seit dem Weggang von Roland Koch und früher noch dem Ausscheiden von Friedrich Merz gilt die Stelle des wirtschaftspolitischen Vorkämpfers in der CDU als vakant. Die Spitzen der wirtschaftsnahen Verbände hingegen, das ist neben dem Wirtschaftsrat vor allem noch die „Mittelstandsvereinigung" (MIT), gelten innerparteilich als die schärfsten und vor allem auch öffentlichsten Kritiker der Parteivorsitzenden und Kanzlerin.

Als beim Wirtschaftstag im Juni 2012 der Präsident des Wirtschaftsrates, Kurt J. Lauk, abermals deutliche Kritik an der europäischen Rettungspolitik übte und auch den Fortgang der Energiewende missbilligte, da sprach er Angela Merkel, die in der ersten Reihe des Publikums saß, direkt an. Bei der Mitgliederbefragung hatte eine Mehrheit des Wirtschaftsrates die Energiewende abgelehnt. Immerhin, so formulierte er, habe sie die Energiewende „selbst in die Hand genommen", sagte er. Da ballte Merkel spontan ihre Hand zur Faust und reckte sie in die Luft. Merkel schlägt durchaus zurück, war die Botschaft. In ihrer Rede erklärte sie dann, was die Unterstützung ihrer Politik durch den Wirtschaftsrat angehe, gebe es „noch Luft nach oben".

Noch schärfer als der Wirtschaftsrat formuliert bisweilen der Vorsitzende der „Mittelstandsvereinigung" Josef Schlarmann seine Kritik. Er sieht die CDU nach links gerückt, ordnungspolitische Grundsätze verraten und die innerparteiliche Balance verloren. Zuletzt spitzen sich die Anwürfe des Parteivorstandsmitglieds zu und richteten sich gegen das „System Merkel". Mal mit einer Mensa, mal mit dem Zarenhof verglich er die Lage. „Es gibt keinerlei grundsätzliche Debatte mehr, weil alles in Frau Merkels CDU als alternativlos angeboten wird. Das ist wie in der Mensa, die täglich nur ein Gericht anbietet. Wem das nicht schmeckt, der bleibt draußen", so eines seiner bekannten Zitate, wiedergegeben vom „Spiegel". Die Pauschalkritik blieb ziemlich wirkungslos und war in gewisser Weise unpolitisch, weil sie wenig konkret wurde. Mitglieder des Bundesvorstandes beklagen, dass Schlarmann in den Gremiensitzungen sich kaum bis gar nicht zu Wort meldet und mit der Mehrheit stimmt, um dann anschließend in den Medien seiner Rolle als „Quartalsnörgler" (Süddeutsche Zeitung) gerecht zu werden. So wird aus den markigen Sprüchen und marktwirtschaftlichen Grund- und Glaubenserklärungen noch keine starke Stimme des Wirtschaftsflügels der CDU – und diese Schwäche ist verwunderlich und nicht ungefährlich.

Ähnlich blutleer, fast unpolitisch scheint bisweilen das Verhältnis der Union zur Wirtschaft selbst geworden zu sein. Merkel geht pflichtbewusst zu den Anstandsterminen der deutschen Ökonomie, zur Hannover Messe oder zur Handwerksmesse in München, die als zentraler Treffpunkt der Wirtschaftswelt gilt. Doch ein intimes Verhältnis scheint das nicht zu sein. Kein Freundestreffen. Die Wirtschaftsverbände entwickeln in den schwarzgelben Merkel-Jahren kaum an Schlagkraft, die im tagespolitischen Geschäft sich sichtbar niedergeschlagen hätte. Es fehlt am gegenseitigen Verständnis. Die junge Managergeneration sei in der isolierten Welt der Chefetagen Durchregieren gewöhnt und habe kaum mehr

Kenntnis von den Mechanismen des Mehrheiten-Suchens und Kompromisse-Schmiedens. Und die Politik wiederum sei noch immer zu national aufgestellt, verstehe die Internationalität nicht genügend. Man rede aneinander vorbei, heißt es bei Lobbyisten.

Es fehlt die früher stärkere Verzahnung von Union und Wirtschaft. Matthias Wissmann, der frühere Verkehrsminister unter Helmut Kohl und heutige Vorsitzender des Verbandes der Automobilindustrie (VDA), gilt als herausragende Ausnahme. Merkel frage, wenn sie Rat brauche, auch Wissmann und keinen anderen von den großen Verbänden oder den großen Konzernen, schreibt der „Spiegel". Ganz stimmt das nicht, natürlich trifft sich Merkel auch mal mit einem Vorstandsvorsitzenden eines DAX-Konzerns zu einem Vieraugen-Gespräch. Aber Vertrautheit ist etwas anderes. Dreimal im Jahr lädt ein hochrangiger Verbandsfunktionär in sein Haus am Rande der Hauptstadt zum traditionellen Weinabend ein. Dazu kommt die Wirtschaftselite aus DAX-CEOs und Vorstandsvorsitzenden und schart sich dort bei gutem Essen um die Kanzlerin. Doch viel mehr als überzuckertes Socializing passiere nicht, wissen Insider. Viele Eitelkeiten, wenig Substanz, so wird geredet. Der feine Rahmen sei auch nicht passend für harte Politik. Von Kohl heißt es, er sei bisweilen von den Wirtschaftsführern aufs ökonomische Denken eingenordet worden. Adenauer hingegen soll die „Kapitalisten" ins Eifel-Kloster Maria Laach eingeladen haben, damit sie sich mäßigten. Beides passiert offenbar heute nicht mehr. Dabei gibt es mit Energiewende, Rüstungspolitik, Mindestlohn und anderen Themen durchaus eine drängende Agenda für die Wirtschaft.

Natürlich sehen sich Wirtschaftsbosse und Kanzlerin regelmäßig etwa bei Auslandsreisen. Doch dann überwiegt unterwürfige Diplomatie – und auch Bewunderung. Ein hoher Vertreter der deutschen Wirtschaft beschreibt vertraulich die allgemein anzutreffende Haltung der Manager gegenüber Merkel mit geradezu hymnischen Worten: „Kein Kanzler vor ihr hat die unterschiedlichen industriellen Prozesse und finanziellen Zusammenhänge so durchschaut wie sie." Und bei Gesprächen und Diskussionen müsse man aufpassen, sich nicht zu blamieren, denn Nachfragen von Merkel seien nicht auszuschließen. Natürlich sagen die Einkommensmillionäre das öffentlich nicht so gern. Die Merkel zugeschriebene personale Kompetenz landet nicht unbedingt direkt auch bei der CDU. Zwar sind viele Wirtschaftsleute noch CDU-nah oder sogar Mitglied, doch die Partei ist ihnen nicht mehr so wichtig. Eine gewisse Distanz ist einigen heute Ehrensache.

An der Person von Norbert Röttgen lassen sich viele Geschichten der CDU erzählen, besonders aber auch das Verhältnis der Partei zur Wirtschaft ist mit seiner Person verbunden. Die Episode liegt schon etwas länger zurück. Röttgen war einer der engsten Vertrauten von Merkel. Er gehörte zu den Modernisierern, kam 1994 mit 29 Jahren in den Bundestag und machte sich bei den sogenannten „Jungen Wilden" in der Fraktion einen Namen. Zu dieser nordrhein-westfälisch geprägten Gruppe gehörten neben ihm unter anderem Hermann Gröhe (heute Generalsekretär), Ronald Pofalla (früher Generalsekretär, heute Kanzleramtsminister), der Niedersachse Eckart von Klaeden (heute Staatsminister im Bundeskanzleramt) und der Saarländer Peter Altmaier (heute Bundesumweltminister). Mit Kohl legten sie sich unter anderem wegen des Staatsbürgerschaftsrechts an, wollten aber auch unverkrampfter mit den Grünen reden („Pizza-Connection"). Röttgen war der Intellektuelle in der Runde.

Bei Merkels erstem Wahlkampf als Kanzlerkandidatin 2005 schrieb Röttgen am Wahlprogramm mit. Nach der Wahl wurde er Parlamentarischer Geschäftsführer der CDU/CSU-Bundestagsfraktion. Bei Journalisten erwarb er sich den Ruf, auch kleinste Themen auf eine höhere grundsätzlichere Ebene heben zu können. Er hatte das Talent zu eloquenten und unterhaltsamen ordnungspolitischen Kurzreferaten über die Wesenszüge der Sozialen Marktwirtschaft. Doch eigentlich war er enttäuscht. Es heißt, er habe sich etwa als Kanzleramtsminister einen Eintritt in die Regierung an der Seite Merkels erhofft. Für viele zumindest überraschend hatte er bald nach der Wahl einen Wechsel in die Wirtschaft angekündigt. Zum 1. Januar 2007 sollte er Hauptgeschäftsführer beim Bundesverband der Deutschen Industrie (BDI) werden, einer der wichtigsten wirtschaftspolitischen Lobbyisten-Rollen des Landes. Sollte die so blendend gestartete politische Karriere so früh – gut bezahlt – in der Wirtschaft enden? Röttgen hatte angekündigt, sein Bundestagsmandat bis zum Ende der Wahlperiode trotz des BDI-Jobs behalten zu wollen. Dies hatte Widerspruch ausgelöst, von Seiten der Wirtschaft und später auch aus seiner eigenen Partei. Röttgen zog schließlich aufgrund des Drucks seine Wechselentscheidung zurück. Röttgen beim BDI hätte eine enge Verzahnung von Politik und Wirtschaft bedeutet. Doch diese Form der Nähe war nicht mehr tragbar.

Der CDU-Politiker Reinhard Göhner hingegen hatte eine ähnliche Doppelfunktion lange ausgeübt. Seit 1996 ist er Hauptgeschäftsführer der Bundesvereinigung der Deutschen Arbeitgeberverbände (BDA), ebenfalls eine der Top 3 unter den deutschen Wirtschaftsverbänden.

Seit 1983 war er Mitglied des Deutschen Bundestages. Auch in der Partei hatte er eine ähnliche Karriere wie Röttgen hinter sich. Beide waren einige Jahre lang Landesvorsitzende der nordrhein-westfälischen Jungen Union (JU) gewesen. Göhner war von 1991 bis 1993 Parlamentarischer Staatssekretär beim Bundesminister der Justiz und von 1993 bis 1994 beim Bundesminister für Wirtschaft. Als er 1996 Hauptgeschäftsführer wurde, blieb er weiterhin Parlamentarier. Im Juli 2007 legte er sein Bundestagsmandat nieder, inoffiziell war klar, dass dies eine Folge des Falls Röttgen war.

Ein Jahr später zeigte sich erneut, wie heute mit solch einem Wechsel über die Demarkationslinie zwischen Wirtschaft und Politik hinweg umzugehen ist. Die frühere JU-Bundesvorsitzende Hildegard Müller galt und gilt als Merkel-Vertraute. Sie kam 2002 in den Bundestag und wurde 2005 Staatsministerin im Kanzleramt. 2008 wurde sie Hauptgeschäftsführerin des Bundesverbands der Energie- und Wasserwirtschaft – und legte ihr Bundestagsmandat nieder.

Merkels Leerrohre –
Die CDU vor der Wahl

Koalitionen, Emotionen

Bei einer Merkel-Fragestunde auf einer Regionalkonferenz der Partei stand ein Mann auf und beklagte sich über die aufgerissenen Straßen in seinem Wohnort. Erst seien neue Abwasserrohre verlegt worden, dann kamen neue Stromkabel. Nun sollten endlich die ersehnten schnellen Leitungen der Telekom kommen und wieder drohe sein Hauseingang zur Baustelle zu werden ... Es ist nicht völlig ungewöhnlich, dass Menschen sich mit den alltäglichsten Sorgen an die Bundeskanzlerin wenden. Da stört es sie auch nicht, wenn Merkel gerade von der Finanz- und Wirtschaftskrise berichtet, über die Stabilisierung des Euros räsoniert und mehr oder wenig mit der Rettung der Welt beschäftigt ist. Der eigene Bürgersteig ist dem Bürger näher als manche holprige Straße, die nach Straßburg oder Brüssel führt.

Die Deutsche Telekom gehöre doch noch mehrheitlich dem Bund, erklärte der Mann weiter. Ob sie, Merkel, denn nicht mal mit dem Telekom-Chef sprechen könne, dass das mit dem Leitungsverlegen besser koordiniert werde. Zurzeit sei bei ihm zuhause der Straßengraben sowieso freigelegt, da könne man doch gleich bequem die Glasfaserkabel verlegen. Wäre doch ärgerlich, wenn die Telekom jetzt erst in einem halben Jahr käme und dann selbst wieder den Bagger bestellen müsse. Politik liefert manchmal die Realsatire gleich selbst. Aber die beste Unterhaltungskünstlerin ist Merkel selbst. Sie rettet die Situation, ignoriert das Raunen im Saal und liefert unbewusst das Bauprinzip ihrer Politik mit.

Das Zauberwort heißt „Leerrohre". Zunächst bedauert Merkel gegenüber dem Fragesteller bei der Regionalkonferenz ganz brav, mit dem Telekom-Chef in der Sache nicht sprechen zu können. Das sei ja nun mal der Sinn von Privatisierung, dass die Unternehmen selbst agieren könnten und die Kanzlerin nicht reinrede. Im Übrigen sei das für die Telekom bestimmt schwierig, immer im Blick zu haben, wann irgendwo gebuddelt werde. „Aber", sagt Merkel, blickt auf, macht eine Pause: „Kennen Sie Leerrohre?" Sie wisse von Kommunen, die würden Leerrohre verlegen. Das seien Rohre, die könnten später alles aufnehmen, was man gerne noch unterirdisch verkabeln oder verlegen wolle. Da würde man nur einmal alles aufreißen, Leerrohre rein, und man sei für alle Eventualitäten später gerüstet. „Kluge Bürgermeister verlegen Leerrohre", sagt Merkel, lächelt, nickt heftig und freut sich, so scheint es, mal wieder diebisch, selbst im Straßenbau Bescheid gewusst und auch geholfen zu haben.

Leerrohre hat Merkel schon viele verlegt. Mehr oder weniger unbemerkt hat sie das ganze politische Terrain mit Leerrohren durchzogen. Sie ist auf alle Eventualitäten eingestellt. Es scheint bisweilen die moderne Variante der Hase-und-Igel-Geschichte zu sein. Wo auch immer die politischen Gegner, ob innerparteiliche oder auch vom Koalitionspartner oder gar von der Opposition, hin rennen, Merkel ist schon da. Sie macht das nicht wie in der Geschichte der Igel mit einem Double. Sie macht es mit Leerrohren, den Geheimgängen ihrer Macht. Sie hat schon alles untertunnelt. Die Energiewende hatte sie schon früh angelegt. Als Umweltministerin im Kabinett Kohl hat sie sich in das Thema eingearbeitet. In ihrem einzigen programmatischen Buch „Der Preis des Überlebens" spricht sie 1997 schon von einer energiepolitischen „Zeit des Übergangs" hin zu regenerativen Energiequellen. Die Klimakanzlerin der Großen Koalition hatte schon alle Winkel des umweltpolitischen Themenfeldes untergraben. Keineswegs hat sie sich in allen Feldern inhaltlich schon festgelegt, die Energiewende hätte auch ein paar Jahre später erfolgen können, nur hat sie alles eben schon strategisch durchschaut – und kann dann schnell eine Problemlösung hinterherschieben. Das größte Ärgernis sei, dass Merkel tatsächlich alles weiß, hat mal ein früheres Präsidiumsmitglied geklagt. Man könne ihr weder auf die kumpelige Tour kommen, auf die schon gar nicht, noch auf dem inhaltlichen Weg, da sei man immer unterlegen, was es auch sei. Die Merkel'schen Leerrohre eben, die liegen schon überall. Da muss sie nicht ständig die Straße aufbuddeln.

Merkel kann im Wahljahr 2013 kaum etwas aus dem Konzept bringen, so scheint es. Allenfalls der Machtverlust selbst ist nicht ganz eingeplant. Doch kann man sicher sein, dass sie selbst diesen Fall durchdacht hat. Merkel jedenfalls wird nicht in der „Berliner Runde" an etwas festhalten, wie weiland Gerhard Schröder, was längst verloren ist. Auch den Notausgang hat sie angelegt. Merkel täuscht sich auch nicht in der Liebe ihrer Partei, die sie ihr auf dem Parteitag in Hannover dargebracht hat. Wenn Merkel im Herbst nicht mehr Kanzlerin wäre, dann würde schon der dann anstehende Parteitag sie nicht mehr wieder zur Vorsitzenden wählen. Die Ära Merkel hängt in der CDU geradezu natürlich an der Kanzlerschaft. Noch ist die CDU ohne Merkel nicht denkbar, nach einer verlorenen Bundestagswahl wäre eine CDU mit Merkel kaum denkbar. Insofern gibt es, was die Bundestagwahl angeht, für die CDU eigentlich nur zwei Optionen: Kanzlerin Merkel oder nichts. Alles andere sind Details. Alle Gedankenexperimente, nach denen etwa eine halbwegs erstarkte SPD einer geschwächten aber dennoch stärkeren Union drohen könnte, in eine Große Koalition unter einem anderen Kanzler, nicht aber unter Merkel, einzutreten, sind illusionär. Keiner in der CDU wäre derzeit stark genug, einen solchen Königsmord zu vollziehen. Zumal es sich für die CDU auch um eine Art selbstmörderische Selbstverleugnung handeln würde, die beliebteste Politikerin im Land und die mächtigste Frau der Welt gegen die zweite Garde einzutauschen, nur weil die SPD das will.

Was das Wahlergebnis selbst angeht, wird die Prozentzahl nicht, für sich genommen, entscheidend sein. Selbst wenn – allen Umfragen zum Trotz – die CDU im Vergleich zu 2005 und 2009 nochmals an Prozentpunkten einbüßen sollte, würde der Kopf von Merkel daran nicht hängen – wenn sie Kanzlerin bleibt. Wahrscheinlich scheint aber, dass sie zumindest prozentual zulegt. Sollte das CDU-Ergebnis am Wahlabend – dem allgemeinen Umfragetrend folgend und der niedersächsischen Wahl im Januar trotzend – in die Höhe schießen, sollte die Union gar tatsächlich ein Plus von rund zehn Prozent erlangen können, also von 33 auf 43 Prozent springen können, wie es manche Umfragen vorhersehen, wäre damit unter Umständen zwar viel gewonnen, aber trotzdem nichts erreicht. In diesem Fall könnte die FDP im Vergleich zu ihren sensationellen 14 Prozent von 2009 derart einbüßen und Stimmen an die Union zurückgeben, dass sie unter der Fünf-Prozent-Hürde landet. Dann wäre trotz Wahlsieg für Merkel das Wahlziel verfehlt. Was dann passiert, ist ziemlich ungewiss. Nach der Niedersachsen-Wahl rechnet nun kaum einer mehr mit einem Ausscheiden der Liberalen aus dem Bundestag. Doch allein diese Tatsache bringt, siehe Hannover, eben noch keine Regierungsmehrheit.

Der Journalist Hugo Müller-Vogg hat Anfang des Jahres in „Cicero-Online" einen fiktionalen Blick auf den Ausgang der Bundestagswahl geworfen. Darin geht er von einer Konstellation aus, die die FDP im Bundestag sieht, aber keine Mehrheit eines der beiden Lager in einem Zweierbündnis ermöglicht. Zudem finden in der Projektion von Müller-Vogg weder ein Ampel-Bündnis (rot-grün-gelb) noch eine Jamaika-Konstellation (schwarz-gelb-grün) zusammen. Schließlich würde dann, so die Spekulation, SPD-Chef Sigmar Gabriel eine rot-rot-grüne Regierung bilden. CDU/CSU würden mit einem besseren Ergebnis als bei den zurückliegenden Wahlen und trotz Zugewinnen das Kanzleramt verlieren. Wahrscheinlicher ist, dass es bei einer solchen Großwetterlage auch knapp für ein schwarz-grünes Bündnis reichen würde. Ob die Grünen eher ein Dreierbündnis mit SPD und Linken oder ein Zweierbündnis mit der Union eingehen, ist nicht sicher. Die Union aber würde sicher viel unternehmen, um die Grünen zu locken.

Im November 2010, beim CDU-Parteitag in Karlsruhe, bezeichnete Merkel in ihrer Rede schwarz-grüne Überlegungen als „Hirngespinste". Manche Parteifreunde waren enttäuscht über diese harsche Zurückweisung. Damals standen die Landtagswahlen in Baden-Württemberg und Nordrhein-Westfalen noch vor der Tür – und manche in der Partei liebäugelten mit dieser Option. Schwarz-Grün ist ein Gedankenspiel, das fast so alt ist wie die grüne Partei selbst. Ähnlich wie die SPD hat es auch in der Union in den 1970er-Jahren einen Abwehrreflex gegenüber der ökologischen Bewegung gegeben, den man inzwischen bedauert. In der Union machte der niedersächsische Politiker Herbert Gruhl die Umweltthematik diskussionsfähig, auch die Ablehnung der Kernenergie. 1978 jedoch wurde er aus der Partei gedrängt. 20 Jahre später, mit dem Regierungseintritt der Grünen, verlor die Partei Joschka Fischers langsam ihren Ruf als Bürgerschreck. In der Union wurde ihre „Verbürgerlichung" aufmerksam verfolgt. Schwarz-Grün gilt einigen nun als Traumkonstellation, in dem sich das Bürgertum mit den einstigen Rebellen versöhnen könnte. Vor allem in bioethischen Fragen, aber auch bei der Haushaltskonsolidierung bemerkten einige Ähnlichkeiten. Seit dem Regierungsverlust von Rot-Grün jedoch scheint es auch bei den Grünen wieder eine Bewegung nach links zu geben. Die jüngsten Parteitagsbeschlüsse positionieren, so meinen Beobachter, die Grünen wieder eher zwischen Rot und Rot als bei den Schwarzen, auch wenn die Nominierung der evangelischen Spitzenfunktionärin aus Thüringen, Katrin Göring-Eckardt, zur grünen Spitzenkandidatin die Fantasien wieder beflügelt.

Die personelle Konstellation würde Schwarz-Grün nicht einfach machen. Manch ein CSU-Mann bekäme

Bauchschmerzen bei einem Bündnis mit Claudia Roth und Jürgen Trittin. Die Bauchschmerzen wären wohl auf beiden Seiten. Doch die Vorarbeit mancher „Pizza-Connection" und auch der Pragmatismus der Kanzlerin könnten eine derartige Koalition durchaus ermöglichen. Angela Merkel hat allerdings unlängst bei einer Debatte über Schwarz-Grün im Präsidium der CDU angemerkt, dass eine solche Koalition auf der Ebene des Bundesrates und der Länder gar kein Gegenüber hätte. Eine derartige Situation habe es noch nie gegeben. Schwarz-Grün wäre sozusagen von Feinden bzw. von Neutralen umgeben und völlig auf sich allein gestellt. Bei jedem Thema, dass den Bundesrat beträfe, müsse mit jedem Bundesland gesprochen werden. Einen schwarz-grünen Partner gebe es nirgendwo. Eine Paralyse der Politik würde drohen. Es kann als ziemlich sicher gelten, dass die Kanzlerin eine Neuauflage der Großen Koalition einem schwarz-grünen Bündnis vorziehen würde. Selbst Schwarz-Gelb droht bei einer Neuauflage laufend am Bundesrat zu scheitern, in dem Rot-Grün(-Rot) nach der Niedersachsen-Wahl über eine Gestaltungsmehrheit verfügt.

Für die SPD wäre ein erneutes Eintreten in ein Kabinett Merkel an Schmach kaum zu überbieten. Die Große Koalition der Jahre 2005 bis 2009 haben die Sozialdemokraten mit einer historischen Wahlniederlage von 23 Prozent bezahlen müssen. Manch einer in der Union färbt sich diese Zeit in der Erinnerung rosig angesichts des bisweilen aktuell quälenden Gezänks mit der FDP. Doch ganz so geräuschlos ging es damals auch nicht zu – nachzulesen im Buch „Rosenkrieg" der Journalisten Eckart Lohse und Markus Wehner. Das Bedürfnis der

SPD nach einem Bündnis mit der Union ist nicht groß. Wie stark das Verlangen nach Regieren generell ist? Ob, um Schwarz-Grün zu verhindern, die sozialdemokratischen Abgeordneten lieber noch einmal für eine Kanzlerin Merkel die Hand heben, ist höchst fraglich. Wie groß dann eine rot-rote Verlockung ist, auch das ist kaum abzuschätzen. Aus CDU-Sicht zählt allein die Kanzlerschaft, die ließe sich zumindest theoretisch mit allen drei Partnern FDP, SPD und Grünen sichern. Gewiss in einer abgestuften Skala von Sympathie. Aber Merkel denkt nicht so stark in Sympathien und Antipathien – mehr in Machbarkeiten.

Die Euphorie für Schwarz-Grün hat sich auch bei den einstigen Vorkämpfern deutlich abgeschwächt, der nordrhein-westfälische Landesvorsitzende und einstiges Mitglied der „Pizza-Connection", Armin Laschet, arbeitet augenblicklich an einem wirtschaftspolitischen und antigrünen Profil. Doch ist das gar nicht gegen Schwarz-Grün gerichtet. „Wer Schwarz-Grün will, muss dazu beitragen, dass die CDU selbst schwarz ist – und nicht hellgrün, lindgrün oder mittelgrün", lässt sich Laschet – in verschiedenen Varianten – immer wieder vernehmen. Im ersten Jahr in seiner neuen Position hat er viele Industrieunternehmen besucht und erklärt, der Umweltschutz dürfe die Schaffung von Arbeitsplätzen nicht verhindern. Er folgt der Logik, dass in einem Bündnis auch jeder seinen Part haben muss. Dass Laschet trotz dieser Strategie weiterhin gern mit den Grünen spricht und dort gute Kontakte hat, bestreitet er nicht. Die schwarzgrünen Vorkämpfer in der Union haben nur die Strategie gewechselt. Nicht Annäherung durch Angleichung, sondern Annäherung durch Abgrenzung. Ob es funktioniert, muss sich noch zeigen.

Doch alle Koalitionsüberlegungen müssen bei der FDP beginnen bzw. enden. Totgeglaubte leben bekanntlich länger, so dass eine Rettung der FDP bei der nächsten Bundestagswahl doch wahrscheinlich erscheinen muss – zumal nach dem völlig unerwarteten Erfolg in Hannover. Von „Leihstimmen" will zwar keiner mehr etwas hören, nachdem die Liberalen in Niedersachsen ein fast zweistelliges Ergebnis verbuchen konnten. Dennoch ist noch immer ein gewisser Austausch innerhalb des eigenen Wählerpotenzials denkbar. Für die Bundestagswahl wird aber entscheidender sein, wie viele neue Wähler sich ins bürgerliche Spektrum ziehen lassen, als wie viele Stimmen zwischen FDP und CDU hin und her wandern. Bei der Niedersachsenwahl hat die SPD rund 100.000 einstige Nichtwähler per Saldo für sich hinzugewinnen können. Die CDU hingegen mobilisierte in dieser Gruppe rund 50.000. Das entscheidet die Wahl.

Dennoch, auch die Union weiß, dass eine einmal in die außerparlamentarische Opposition gedrängte FDP nur wenige Chancen hat, vier Jahre zu überwintern, um dann wiederaufzuerstehen. Dazu ist auch die Basis in den Ländern zu schwach. Zumal nach einer Bundestagsniederlage ein noch größeres Gemetzel ausbrechen würde, als es die FDP ohnehin schon veranstaltet. Ohne FDP verlöre die CDU ihren natürlichen Bündnispartner, und das bürgerliche Lager sähe sich allein gleich drei Parteien auf der linken Seite gegenüber. Die politische Landschaft in Deutschland würde sich massiv verändern. Deswegen wird der FDP trotz allem geholfen, wenn sie mal wieder abzurutschen droht. Die Existenzangst der anderen war der FDP immer die beste Versicherung.

Die FDP hat der Union und vor allem den Unions-Kanzlern aber auch in Vielem geholfen, nicht nur als

Mehrheitsbeschafferin. Die Liberalen waren immer dafür gut, innerparteiliche Konflikte in der Union zu befrieden bzw. zu ersticken. In der CDU ist die FDP sozusagen, solange man gemeinsam regiert, das letzte Argument, wenn es allzu „linke" oder wahlweise auch konservative Forderungen innerhalb der Union abzuwehren gilt. Die FDP ist sozusagen die außerparteiliche Truppenverstärkung für den pragmatischen Kurs der CDU. Zu beobachten ist das aktuell wieder bei der Debatte um die „Homo-Ehe", wo die FDP in der Koalition den Liberalen innerhalb der CDU hilft. Das wollen doch einige nicht missen.

Nach Merkel

Wie schlecht es der CDU geht, wurde bei der Niedersachsen-Wahl deutlich. Mit David McAllister verlor wieder ein CDU-Ministerpräsident sein Amt und verstärkte die derzeitige Schwäche in den Ländern. Die CDU hält derzeit nur noch gut 30 Prozent aller Landtagsmandate in allen Bundesländern. Ein dramatischer Tiefstand. Die Bundestagswahl zusammen mit den Wahlen in Hessen und Bayern im Herbst 2013 ist ein Schicksalstermin. Für die drei verbleibenden Schwarz-Gelben-Bündnisse steht dann die gemeinsame Bewährungsprobe an. Es ist ein dramatischer Show-down.

In den Köpfen hat die Zeit nach Merkel immer mal wieder begonnen. Möglicherweise steht ihr aber der größte Triumph noch bevor, eine Wiederwahl zur Bundeskanzlerin Ende des Jahres. Und ist gar eine vierte Kanzlerkandidatur 2017 denkbar? Kohls 16 Jahre als Ziel? Nahezu unmöglich, so etwas jetzt schon voraussagen zu wollen. Aber über Zukunftskonstellationen wird natürlich geredet. Der Generationswechsel im Präsidium und im Parteivorstand, welcher auf dem Parteitag vollzogen wurde, zeigt, dass Veränderungen im Gange sind. Was passiert also mit der CDU – wenn Merkel Kanzlerin bleibt? Und was, wenn die Epoche unerwartet endet?

Nach acht Jahren Merkel im Kanzleramt und 13 Jahren an der Spitze der Partei geht in diesem Jahr in jedem Fall etwas zu Ende, scheint ein Kapitel abgeschlossen zu sein. Die erste Merkel-Dekade hat die Partei aus dem Loch der Parteispendenaffäre herausgeholt, sie hat sie zurück in die Regierung geführt, und sie hat in ungeahnter Schnelligkeit die programmatische Veränderung der Partei vorangetrieben. Diese nachgeholte „Modernisierung" mit und unter Merkel ist mehr oder weniger abgeschlossen. Natürlich verlangt die Energiewende noch nach Umsetzung, auch die Familienpolitik ist noch eine Baustelle. Und nicht zuletzt ist Europa und die Euro-Krise ein Thema, was bleibt. Dennoch steht die Frage im Raum, was denn nun die CDU in den kommenden Jahren mit der Macht anfangen will. Helmut Kohl stand nach acht Jahren vor einer ähnlichen Situation – dann fiel die Mauer, der Ostblock brach zusammen, und die deutsche Einheit fiel dem Kanzler als Herkulesaufgabe und Geschenk der Geschichte in den Schoß. Natürlich ist die Euro-Krise eine andere Angelegenheit und doch ist sie vergleichbar. Es ist vor allem die europäische und internationale Aufgabe, die Merkel in ihrem Amt hat wachsen lassen. Krise kann sie besonders gut. Krise kann sie meisterlich. Kann sie auch anders? Wer Merkels Reden an die CDU während der Parteispendenkrise 2000 liest, fühlt sich im Duktus und sogar in der Wortwahl an die Reden zur Euro-Krise erinnert. Sie verbindet nüchterne Analyse mit Beteuerungsformeln von Zusammenhalt und Zuversicht.

Nun, an Krisen wird kein Mangel sein in nächster Zeit. Auch die europäische Staatsschuldenkrise scheint noch längst nicht überwunden, da zieht möglicherweise eine noch tiefere Krise der europäischen Integration herauf. Möglicherweise ist in der Tat die Zukunft Europas in den nächsten Jahren ein so drängendes und vorherrschendes Thema, dass sich keiner den Luxus leisten wird, nach Wohl und Wehe der Partei zu fragen. Die CDU ist vor allem Dienerin der Macht – Kanzlermaschine. Es ist schon mehrfach gesagt worden: Macht geht vor Programm. Die Möglichkeit, etwas zu gestalten, ist wichtiger, als einem bestimmten (ideologischen) Konzept zu folgen. Nur so lässt sich die relative Ruhe verstehen, mit der die CDU etwa die Entscheidung zur Energiewende zur Kenntnis nahm. Der Handlungsimpuls überdeckt alle inhaltlichen Kehrtwendungen und Verrenkungen. Manchem konservativ und wirtschaftsliberal denkenden Parteimitglied hat beim Ausstieg aus der Atomkraft die überraschende Entschlusskraft der Parteivorsitzenden und Kanzlerin imponiert. Macht und Mehrheiten erlangen und nutzen. Das ist das erste Prinzip der CDU. Dem ist alles untergeordnet. Deswegen hat die Agenda 2010 und auch der Basta-Kanzler Schröder bei Unionsanhängern durchaus Sympathien gewinnen können.

Doch die Priorität des Handelns gilt nicht nur für die Regierung, sondern auch bezüglich der Partei. Wenn Merkel weiter die Partei führt, muss sie sich vielleicht einmal ausführlicher um sie kümmern. Helmut Kohl war in seiner Partei keinesfalls immer beliebt. Das

Grummeln in den Ortsverbänden war auch in den 1980er-Jahren bisweilen lauter als sich Unmut jetzt unter Merkel äußert. Seine Gegenspieler, etwa Lothar Späth und Kurt Biedenkopf, können es durchaus mit Merkels einstigen Counterparts Christian Wulff und Roland Koch aufnehmen. Auch Kohl hat immerhin einen Putschversuch überlebt. Und doch hat nie jemand gezweifelt, dass Kohl ein Parteimensch ist. Er hat mit der Parteireform zu Anfang seiner Regentschaft deutliche Impulse gesetzt. Für Merkel waren die zurückliegenden 13 Jahre (bzw. 14 Jahre) vor allem Eroberung, jetzt ist sie länger dabei als die meisten Spitzenpolitiker an ihrer Seite. Sie ist angekommen. Selbst der skeptische Handwerksmeister von der Schwäbischen Alb und der vorsichtige Katholik aus dem Eichsfeld haben sie respektieren gelernt. Sie ist jetzt die Partei.

Als Bernhard Vogel zu seinem 80. Geburtstag im Plenarsaal des Bundesrates mit einem Festakt von Merkel für sein Lebenswerk gewürdigt wurde, da sagte er an die Kanzlerin gerichtet einen verblüffenden Satz: „Wir sollten jetzt alles, was in unseren Möglichkeiten steht, tun, damit Sie Ihr hohes Amt noch lange ausführen können." Bernhard Vogel ist das Urviech der CDU, der heimliche Ehrenvorsitzende, vielleicht auch der Ersatz-Patriarch. Er spricht von der Partei in der ersten Person Plural, er verkörpert und repräsentiert das Wir-Gefühl der Partei. Dass er der Parteivorsitzenden diese geradezu selbstverständliche Zusicherung machen kann, sie werde weiterhin dabei unterstützt, Kanzlerin zu bleiben, gibt einen Hinweis darauf, dass Merkel für einige noch immer eine angeworbene Herrscherin ist oder zumindest so etwas wie eine eingestellte Geschäftsführerin. Nicht Fleisch vom Fleisch der CDU. Nun stirbt die Generation Vogel langsam aus, und die Jüngeren werden die Vogel'sche Perspektive so nicht mehr teilen. Mehr noch: Es wächst eine „Generation Merkel" heran, die nicht mehr weiß, wer Vogel ist. Doch gerade bei den Jüngeren – und auch noch bei den etwas Älteren – muss Merkel was für die Parteiidentifikation tun.

Sie muss etwas finden, was heute Identifikation in und mit der Partei stiftet, wenn es nicht mehr die Hinterzimmer-Gemütlichkeit ist und auch nicht die alten gemeinschaftsbildenden Formeln von Anti-Kommunismus und rheinischem Katholizismus. Die CDU hat nichts dagegen, Kanzlerwahlverein zu sein, aber sie muss dabei stolz und verschworen sein können. Das verlangt auch nach Symbolen und Zeichen, auch in Form von Handlungen. So was scheint Merkel nicht so zu liegen. Man kann einwenden, dass ihre relative Distanz zur Partei ein Teil ihres Erfolgsgeheimnisses ist. Immerhin ist sie im Volk beliebter als die Partei. Das hat Kohl nie erreicht. Doch wäre auf dem Höhepunkt ihrer Macht eine gewisse Sorge ihrerseits um die Zukunft der CDU angebracht.

Zu Recht hat Merkel sich bislang immer von Gegnern umzingelt gesehen. Viele wollten sie als Übergangsphänomen in der Partei betrachten, und es gab einige Talente, die sie überflügelt hat, die vielleicht Kanzler gekonnt hätten. Es ist eine Legende, dass Merkel ihre Gegner alle selbst beiseite geschafft hätte. Und doch ist das Abtreten einer ganzen Generation von CDU-Spitzen während ihrer Zeit eine Art „Braindrain", den die Partei verkraften muss. Nun sind einige Talente der nächsten Generation sichtbar, aber in unmittelbarer Nähe droht keine Gefahr mehr. Merkel könnte nun mehr als bisher zur Förderin von Persönlichkeiten werden. Sie könnte etwa in einem kommenden Kabinett es doch noch mal mit Seiteneinsteigern probieren. Sie hat die Klage über fehlende wirtschaftspolitische Köpfe mit dem Kommentar zurückgewiesen, sie müssten schon selbst kommen, sie könne sie nicht herbeizaubern. Inzwischen ist sie in der Position, zaubern zu müssen.

Der Unmut über die mangelnde Profiliertheit und programmatische Unterscheidbarkeit der Partei ist intern immer wieder auch am Zustand der Parteizentrale und an der Personalie des Generalsekretärs festgemacht worden. Dabei werden Kohls Parteimanager Kurt Biedenkopf und Heiner Geißler von manchem als Verkörperung des Ideals angesehen, deren unmittelbare Nachfolger und Merkels Auswahl aber als zu schwach. Geißler habe eben einerseits den Zusammenhalt der Partei organisieren können, zum anderen habe er aber auch Debatten entfacht und für Lebendigkeit gesorgt. Ein General eben, kein Sekretär, sagen seine Bewunderer. Geißler wie Biedenkopf stünden dafür, dass eine Partei ein Eigenleben führe – und zugleich loyal zu ihrem Kanzler stehe. In der Tat waren die fünf Generäle Merkels ganz andere Typen und jeweils auch noch sehr verschieden im Temperament. Aber eben auch in unterschiedlichen Umständen und Zeiten. Unter Kohl dienten noch Volker Rühe und Peter Hintze. Angela Merkel selbst war Generalin unter Wolfgang Schäuble. Ruprecht Polenz, Laurenz Meyer und Volker Kauder amtierten in der Oppositionszeit, Ronald Pofalla und Hermann Gröhe während der Kanzlerschaft Merkels. Jeder hat auf seine Weise Akzente gesetzt. Vielleicht ändert Merkel die Arbeitsplatzbeschreibung für ihren Mann in der Bundesgeschäftsstelle aber noch mal und lässt ihm noch mehr Spielraum für Eigenes.

Es wird die Geschichte erzählt, Merkel habe mit den wichtigen Mitarbeitern des Konrad-Adenauer-Hauses und einigen Spitzen der Partei Anfang des Jahres 2013 auf einem einsamen Landsitz in Brandenburg in geheimer Sitzung getagt, um Strategie und Inhalte für den Bundestagswahlkampf zu besprechen. Leider sei in den abgelegenen Hof eingebrochen worden – und nun seien alle wichtigen Unterlagen hinfort. Der Wahrheitsgehalt der Erzählung lässt sich nicht abschließend feststellen. Doch böse könnte man aus der Anekdote schlussfolgern, die Postkartenaktion, welche die Partei nun in Millionenauflage startet, sei die Folge des diebischen Datenverlustes. Bei der Erarbeitung des Wahlprogramms sollen nun alle Bürger mithelfen. Mit dem Slogan „Was mir am Herzen liegt" werden sie aufgerufen, Ideen nach Berlin zu schicken. Im Juni wird dann zum Auftakt des heißen Wahlkampfs das aus den Wünschen der Bevölkerung gezimmerte künftige Regierungsprogramm verabschiedet und vorgestellt. Wenn man alle fragt, kommt etwas Buntes und wenig gefährliches heraus. Die CDU als altbekannte Managerin und Moderatorin der politischen Bandbreite wird mutmaßlich dann präsentiert. Abgrenzung zur SPD und zu den Grünen auf der anderen Seite, Abstand aber auch zur FDP. Das scheint die Marschroute zu sein. Im Ergebnis ist das dann nicht scharfes Polarisieren und Polemisieren, sondern Integrieren. Ein bewährtes, aber nicht von allen geliebtes Konzept.

Der Münchner Politologe Werner Weidenfeld beklagt: „Die CDU hat kein dramatisches Stammwählerthema mehr." Merkel stehe für Krisenmanagement, biete aber kein „tief bewegendes oder gar polarisierendes Zukunftsbild mehr an", so Weidenfeld in der Würzburger „Tagespost". Nur ob eben mit stärkerem Profil Wahlen besser zu gewinnen wären, ist auch unklar. Einige in der Union ängstigen sich von der einst im Konrad-Adenauer-Haus vor den Wahlen 2009 ersonnenen Strategie der „asymmetrischen Wählerdemobilisierung". Die besagt: Haue nicht so stark auf den Putz, dass die müden Gegner wach werden und sich doch entschließen, um Schlimmeres zu verhindern, zur Wahl zu gehen.

Anders gesagt: Die Mobilisierung der eigenen Stammwähler darf nicht zugleich zur Mobilisierung der SPD-Stammwähler führen. An der Mobilisierung aber hänge alles, meint Weidenfeld. Nur wer Stimmen aus dem Reservoir der Nichtwähler neu für sich beleben oder wiederbeleben kann, ist auch in der Lage Zugewinne zu erreichen, die nicht im Nullsummenspiel des eigenen Lagers enden. Wie laut also der CDU-Wahlkampf wird, ist noch nicht klar. Die „Focus"- Journalistin Margarete van Ackeren schreibt im Februar: „Statt der Auseinandersetzung mit harten Bandagen entscheidet die Kanzlerin sich wie gehabt für Merkelsches Polit-Judo".

Was wird nun aus dem Programm? Manche sprechen von einer gewissen inhaltlichen „Unernsthaftigkeit" in den Untergliederungen der Partei. Wie gesagt, die Partei leidet nicht so sehr an der vermeintlichen Beliebigkeit wie manche annehmen. Die inhaltlichen Revolutionen haben – den Wahlsieg immer noch angenommen – die Partei nicht gespalten. Ganz im Gegenteil, letztlich ist Dynamik für die CDU wichtiger als Treue. Doch ist das Grundsatzprogramm von 2007 in Teilen eben überholt. Wehrpflicht, Energiewende, Schulsystem – da würde man heute ganz anderes hineinschreiben. Da muss der CDU etwas zu einfallen. Ein neues Grundsatzprogramm? Vielleicht ist es wichtiger, über langfristige Ziele zu reden. Die CDU braucht einen neuen Horizont für die nächsten 20 Jahre. Dazu könnten dann Themen wie Europa, aber auch Föderalismus oder Wohlstand und Wachstum gehören, möglicherweise auch so etwas wie Zusammenhalt und Wertekonsens. Das Verhältnis von Nationalität und Internationalität. Vielleicht sind solche Zukunftsdialoge auch nur was für Parteien in der Opposition, die Zeit haben, sich mit Dingen zu beschäftigen, für deren Umsetzung sie ohnehin nicht die Macht haben. Es gibt in der Union eine größere Unlust an der zweckfreien Grundsatzdebatte. Vor allem, weil sie eine austarierte Balance der übergroßen Bandbreite von links bis rechts gefährden könnte. Doch muss die Partei sich auch um sich kümmern. So muss die CDU, wenn sie ihren Namen weiter tragen will, ihn auch selbst mehr pflegen. Ob sie dazu nun Kampagnen startet, Kongresse veranstaltet, einen Preis auslobt, Stipendien vergibt oder andere Ideen hat, sei dahingestellt. Untätigkeit aber könnte sich rächen.

Bindemittel der CDU waren nie so sehr die konkreten politischen Fragen. In der Sache gab es immer auch den Streit der Lager. Ob es um Mitbestimmung ging oder um die Rente, um die Pflegeversicherung, die Umwelt- oder die Gesundheitspolitik oder um die Steuerfragen – die CDU war nie in allen Fragen eingeschworen. Aber sie konnte Korpsgeist und Zusammenhalt organisieren. Das „C" diente dazu. Es wird nie gelingen, das Christliche im Politischen fest mit bestimmten Inhalten zu vertäuen, es gar an die Begriffe „konservativ" oder „sozial" zu ketten. Das „C" müsste schon anders seine Kraft entfalten. Angesichts der Tatsache, dass der

Begriff noch eine hohe Reputation in der Gesellschaft genießt, könnte sich der Einsatz lohnen.

Das ideologische Grundkorsett der Partei war früher einfacher zu fassen. Freiheit statt Sozialismus! Keine Experimente! – Das waren die großen Slogans der CDU. Die Modernisierungen der zurückliegenden Jahre haben den gemeinsamen roten Faden bisweilen überdeckt oder ihn sogar zerreißen lassen. Dabei probiert Merkel in ihren Reden schon einige Formeln aus, die von Freiheit handeln, Leistungsbereitschaft und von Zusammenhalt, Vielfalt und gegen Gleichmacherei der Linken. Welche Stellung haben Deutschland und Europa in der Welt? Doch es fehlt noch eine neue gemeinsame Erzählung, die mehr ist als das „alternativlose" Lösen von Problemen. Nun lässt sich mit Fug und Recht behaupten, dass es dieses Verbindende eben nicht mehr gibt. Und die CDU gerade deswegen so erfolgreich ist, weil sie nüchtern veranlagt ist und an dem Mangel an Ideologie nicht leidet, sondern dies gerade wertschätzt. So mäandert sie durch die Landschaft des gesellschaftlichen Grundkonsenses. Doch darf sie auch nicht zulassen, dass die immer wiederholten Formeln von Werten und Markenkern hohl klingen. Sich im Mainstream nicht nur treiben lassen, sondern dessen Richtung mitbestimmen, darum wird es gehen.

Die vier verlorenen Landtagswahlen lassen sich rückblickend auch als Folge der personellen, inhaltlichen und programmatischen Verunsicherung lesen. Die CDU-Baden-Württemberg trat mit Stefan Mappus an, der das vermeintliche konservative Profil der Union stärken wollte, mit der Atomkraft als Kernelement. Und scheiterte. In Nordrhein-Westfalen wiederum wollte Umweltminister Norbert Röttgen mit der frisch modernisierten CDU punkten. Und verlor. In Schleswig-Holstein hatte die CDU mit Peter Harry Carstensen einen Landesvater vom alten Schlag, die Macht mit einem No-Name zu retten, misslang. In Niedersachsen wiederum trat David McAllister an, beliebt und smart, aber weitgehend ohne inhaltliche Kontur. Er scheiterte. Wie knapp die Niederlage war, fragt inzwischen keiner mehr. Klar scheint, dass ein Personenwahlkampf allein nicht reicht und ein Lagerwahlkampf schadet.

Der Politologe Udo Zolleis hat in seiner Studie über den Wandel des politischen Leitbildes der CDU ausgemacht, dass die Prinzipien der katholischen Soziallehre – Solidarität, Subsidiarität und Personalität – der Partei nicht aus dem Blick geraten seien. Was aber zunehmend fehle, sei die Fähigkeit, „gesellschaftlichen Ausgleich" zu organisieren. Das innerparteiliche Leben verkümmere – und dies nicht erst seit zehn Jahren. Die CDU müsse wieder „politische Fühler" ausbilden, um Themen und Interessen der Gesellschaft ausfindig zu machen, aufzugreifen, sich einzuverleiben und zusammenzubinden. Es brauche einen „wirksamen Willensbildungsprozess", der dann mit dem christdemokratischen Mediationsprinzip zu Integration und Gemeinsamkeit führe. Manche Besucher von lokalen Parteiveranstaltungen klagen über die Selbstverliebtheit des örtlichen CDU-Establishments und die mangelnde Fähigkeit, Tuchfühlung mit der Welt draußen aufzunehmen. Kreisparteitage, bei denen die politischen Reden in eine Melange aus Blasmusik und Bierrunden versenkt werden, sprechen nicht unbedingt jeden an.

Die CDU ist die Kommunalpartei Nummer eins. Keine andere Partei stellt so viele Mandatsträger in Gemeinden und Städten. Zudem hat sie ein einmaliges Netz bis in die Kapillargefäße der Gesellschaft hinein. Sie ist mit dieser Struktur so etwas wie eine Musterschülerin der Demokratie. Sie ist auch in besonderer Weise Verteidigerin des bestehenden Gemeinwesens, während andere von Missständen und Veränderung sprechen, steht die CDU besonders für den Status quo, die eingeübten Formen der demokratischen Ordnung. Doch diese Struktur ist in Gefahr. Die Frustration in den kommunalpolitischen Entscheidungsgremien und den parteilichen Beibooten ist hoch. Eingeübte Rituale von Parteiengagement mit Sitzungsendlosschleifen, mit familienunfreundlichen Wochenendterminen und undurchschaubaren Entscheidungsmechanismen werden nicht mehr angenommen. Dem gegenüber gelten Bürgerinitiativen als zeitgemäß, flüchtiges Engagement als ehrlicher und „schwarmintelligente" Meinungsbildungs- und Abstimmungsformen, die wenig konkret, aber dafür vielfältig sind, als „demokratischer".

Diese Krise der Demokratie an der Basis, die sich auch bei Großprojekten wie Stuttgart 21 oder etwa bei den unzähligen Lärmschutzinitiativen zeigt, trifft die CDU ins Mark. Wenn das gewählte Gemeinderatsmitglied sich als „Politiker" beschimpfen lassen muss, aber das Demonstrieren für die eigenen Interessen als Höchstform der Demokratie gilt, dann greift das den Lebensnerv einer Partei an, die mit dem bestehenden System so eng verwoben und ihm verpflichtet ist wie kaum eine andere. Die Piraten sind da, trotz deren einstweiliger Formschwäche, ein Krisenphänomen, das die CDU aufschrecken lassen müsste. Die CDU könnte sich im besten Sinne des Wortes eine „Re-Politisierung des Politischen" auf allen politischen Ebenen auf die Fahnen schreiben. Aus den Kreisverbänden wird berichtet, dass mitunter Mandatsträger in die Stadträte kommen, die das Haben einer Meinung für politische Arbeit halten, die bisweilen Parteiarbeit als lästig empfinden und sich nach kurzer Zeit resigniert zurückziehen. Kreisgeschäftsführer seien regelrecht als Politiker-Scouts unterwegs, müssten sozusagen Castings veranstalten für die kommunalpolitische Arbeit. Die CDU könnte wieder zur Lehrerin der Demokratie werden, könnte für politisches Engagement werben, es belohnen und sich darum sorgen, die besten Leute zu bekommen. Es hat bisweilen den Eindruck, dass die alten Kungel- und Klüngelmechanismen bei der Nachwuchsrekrutierung inzwischen nicht mehr so funktionieren und neue Formen noch nicht gefunden sind. Da werden dann auf Bezirks- oder Kreisparteitagen Bundestagskandidaten gewählt, die kein Mensch kennt und die noch nie ein Mandat innehatten. Aber bei der Versammlung gilt das Mitgliederprinzip, nicht das Delegiertenprinzip – und dann kann es stark von Zufällen abhängen, wer in den Bundestag rutscht. Das Ergebnis wird in der nächsten Legislaturperiode zu bestaunen sein. Nachwuchs- und Führungskräfteförderung scheint die CDU bisweilen vernachlässigt zu haben. Zolleis spricht davon, dass gerade auch Personalrekrutierung in einer „modernen Wählerpartei" eine wichtige „Integrationsklammer" sei. Unter den Partei-Funktionären schwärmen einige von einer Partei als schlagkräftiger Truppe, weniger Mitglieder, dafür gut geschulte Kader. Starker Apparat, starke Medienaktivität, weniger Ortsvereinssitzungslangeweile. Mehr Amerika, weniger Dorfkneipe. Geht das mit der CDU?

Neben Inhalt und Personal geht es noch ums Image. Das moderne Image der CDU hat einen kryptischen Namen: Pantone 144 C. So heißt der Orangefarbton, der seit 2003 als zusätzliche Schmuckfarbe der CDU, neben blau und rot, dient. Vielleicht ist das Orange die sichtbarste Modernisierung der CDU und gleichzeitig auch eine Art konservativer Akt, ein Rückgriff auf die Retro-Farbe aus den 1970er-Jahren. Doch ist speziell das lichte Orange wohl für die heutigen Sehgewohnheiten modern. Manchmal sieht man einzelne Ortsverbände, die das Orange weglassen und sich so als konservativer darstellen wollen. In der Beschreibung der Werbeagentur heißt es: „Die neue Akzentfarbe Orange bietet zum einen die Möglichkeit der Differenzierung im Parteienwettbewerb und zum anderen die der stärkeren emotionalen Ansprache." Möglicherweise leistet die Partei das, was die Farbe verspricht, in ihrer Parteiarbeit noch nicht. Was neue Formen der Parteiarbeit angeht, eine Metamorphose von Mitgliederpartei zu einer Mitmach-Partei etwa, da hat die CDU noch einiges vor sich. In der Beschreibung der sogenannten „Corporate Identity" der Partei, der „CI" der CDU, haben PR-Leute formuliert: „Die Gemeinsamkeit stärken, der Vielfalt Raum geben. Das neue Erscheinungsbild soll die unverwechselbare Stärke der CDU, die Verbindung von Gemeinsamkeit und Vielfalt, zum Ausdruck bringen."

Aber PR ist gewiss noch lange nicht Politik. Bei Kabarettisten kommt die CDU stets – und wie eh und je – als „uncool" weg, auch das mag ein Erfolgsgeheimnis der Union sein. Zu cool darf die Partei wohl nicht werden, wenn sie versucht, sich dem „Lebensgefühl" jüngerer Menschen anzunähern. Vielmehr gilt eben auch da, dass der Machtinstinkt so etwas wie ein Korrektiv ist für allzu wendiges Surfen auf den neusten Wellen etwa der Kommunikation. Die twitternden Minister sind da dann schon Aushängeschild für Zeitgeistigkeit genug. Und doch ärgert es die Kreis- und Ortsvorsitzenden in großen Städten wie in ländlichen Gebieten, wenn die jüngeren Familien sagen, sie würden „grün" wählen, vor allem, weil die ihr Lebensgefühl mehr ansprächen. In einer unpolitischeren Gesellschaft werden auch unpolitische Faktoren für eine Partei wichtiger. In einer Politikunterrichtsstunde im Ruhrgebiet wurde jüngst ein Lehrer gefragt, warum Politiker so hässlich aussähen und meist alt seien; alle anderen wichtigen Prominenten, wie Filmstars, Sänger oder Moderatoren, seien doch nett, schlank und jung. Die CDU ist von ihrem genetischen Code eine Anti-Glamour-Partei, nüchtern und tendenziell wenig unterhaltsam. Die kurze Baron-Guttenberg-Welle ist schon verebbt. Soll das so bleiben? Wie will das die Partei in Zukunft handhaben?

Der umjubelte Star auf dem Parteitag war die rheinland-pfälzische Landesvorsitzende Julia Klöckner. Die gerade mal 40-Jährige zieht gleichsam Sympathien von allen Seiten auf sich – wie besonders auch gewisse Sehnsüchte der alten westdeutschen CDU mit ihr verbunden werden. Mit 92,92 Prozent der Delegiertenstimmen wurde sie auf dem Parteitag im Dezember 2012 ins Präsidium ihrer Partei gewählt. Das Ergebnis hielt den Anstandsabstand zum Ergebnis der Vorsitzenden, sonst hätte es gleich wieder Geraune gegeben. Aber das Interesse galt dennoch im besonderen Maße ihr. Um die anderen neuen Stellvertreter Armin Laschet und Thomas Strobl gab es keinen ähnlichen Hype. Von Kamerateams und Gratulanten umringt konnte Klöckner ihre Annahme der

Wahl kaum nach vorne zum Tagungspräsidium übermitteln. Klöckner strahlt von allen Nachwuchshoffnungen in den Landesverbänden in der Wahrnehmung der Partei und der Medien mit Abstand am meisten.

Als sie noch nicht zurück in die Heimat gegangen war, als sie auch noch nicht Parlamentarische Staatssekretärin in Merkels Kabinett war, hatte sie ein kleines Abgeordnetenbüro im Jakob-Kaiser-Haus im Berliner Regierungsviertel. In der Mitte des Raums stand ein Weinkühlschrank, rechts daneben hing ein Kruzifix und links daneben ein Porträt von Helmut Kohl. Der Schreibtisch stand unterm Fenster. 2002 war sie in den Bundestag eingezogen. Schnell sprach sich herum, dass sie mal Weinkönigin gewesen war. Was natürlich zu Spötteleien führte und vor allem dazu, dass man sie unterschätzte. Die 40-Jährige verkörpert jetzt Bodenständigkeit und Modernität zugleich – und erfüllt damit das Sehnsuchtsschema vieler in der Partei. Sie ist katholisch, nutzt auch ethische Themen wie die Sterbehilfe zur Stärkung eines inhaltlichen Profils. Zugleich kann sie etwa in Bezug auf die „Homo-Ehe" eine liberale Position einnehmen und verklickert dies mit entsprechender eingefärbter Mundart und Freundlichkeit auch den konservativen und kirchlichen Wählerschichten in ihrer Heimat. Außerdem gehört kirchliches Engagement bei der Caritas und beim ZdK ganz selbstverständlich zu ihrer Person. So wie das bei der CDU eben immer war. Jetzt fehlt nur noch die Macht.

Bei Julia Klöckner kommt noch ein besonderer Nimbus hinzu, der mit ihrem Wechsel nach Mainz verbunden ist. Sie hat Dienstwagen und Berliner Regierungs-Bequemlichkeiten mit den angeblich harten Oppositionsbänken in Rheinland-Pfalz getauscht. Das macht sie geradezu zur Jeanne d'Arc der Union. Sie kämpft für die Partei und ist sich nicht zu schade, dafür einige Jahre die Ochsentour zu machen. Dass die Wartezeit auf die Macht allerdings so lange dauern würde, hätte Klöckner wohl nicht gedacht. Sie hatte gehofft, Kurt Beck bereits 2011 ablösen zu können, das misslang ihr – trotz eines Achtungserfolgs. Zwischenzeitlich schien es, sie könnte den angeschlagenen SPD-Mann während der Amtszeit vom Hof jagen. Auch das misslang. Nun hat sie als Gegnerin die beliebte neue SPD-Ministerpräsidentin Malu Dreyer vor der Nase und der Aufstieg der CDU-Hoffnungsträgerin ist noch nicht gewiss. Falls Angela Merkel nach der Bundestagswahl nicht mehr Kanzlerin sein sollte, könnte man darauf kommen, dass Klöckner Parteivorsitzende wird. Doch in der Machtmaschine wird die „Vorsitzende der Herzen" nicht unbedingt tatsächlich Vorsitzende. Ohne Regierungsamt ist und bundespolitisches Gewicht wäre dieser Aufstieg zumindest sehr ungewöhnlich.

Wenn also Merkel nicht mehr Bundeskanzlerin wäre, was vorerst eher unwahrscheinlich ist, müsste die CDU wieder neu erfunden und aus dem Tal der Opposition geführt werden. Als Nachfolger drängt sich keiner auf. Am wahrscheinlichsten wäre die Wahl von Thomas de Maizière. Der derzeitige Verteidigungsminister ist beliebt, politisch gehört er zum Landesverband Sachsen, ist aber seiner Herkunft nach eigentlich aus dem Rheinland. Also geografisch eine Brücke. Der Protestant, Familienvater und Träger eines berühmten Namens wäre so etwas wie die Fortsetzung von Merkel mit anderen Mitteln. Vielleicht ist er etwas mehr in der alten Kanzlerpartei zuhause als die Amtsvorgängerin. Anders als Merkel 2000 wäre er aber kein radikaler Neuanfang. Er brächte vermutlich nicht das Emotionale zurück in die Politik, wonach es einige so dürstet.

Für die CDU aber geht es darum, wieder ihre Mitte zu finden. Auch wenn Merkel Kanzlerin bleibt. Politik hat immer schon viel auch mit Lebensgefühl zu tun. Und was christdemokratisches Lebensgefühl ist, das wissen manche nicht mehr so genau. Während der turbulenten Seefahrt mit Kapitän Krisenkanzlerin war keine Zeit, sich darüber Gedanken zu machen. Im von Berlin maximal weit entfernten südbadischen Konstanz hat neulich ein CDU-Mitglied die Oberbürgermeisterwahl gewonnen. Uli Burchardt war als „unabhängiger Kandidat" angetreten – obwohl er zur CDU gehört. Zugleich ist er Mitglied der Globalisierungsgegner von „attac". So was mögen offenbar einige Wähler. Und inzwischen rufen auch schon mal Bundes- und Landespolitiker bei ihm an, um sich bei dem ehemaligen Unternehmensberater in Sachen CDU-Marketing coachen zu lassen. Burchard ist ein Geheimtipp in der CDU geworden.

„Nachhaltigkeit" sei das wichtigste Wort der nächsten Zeit, sagte er. Das ist nicht sonderlich originell, doch den gelernten Förster Burchard stört das nicht. Er war Manager bei „Manufactum". Das ist ein Versandhandel, der mit dem Slogan wirbt: „Es gibt sie noch die guten Dinge". Da werden vergessene Accessoires aus Omas Küche feilgeboten – zusammen mit ökologisch Wertvollem und ästhetisch Anspruchsvollem. Das Angebot erinnert in seiner Buntheit etwas an den Laden von Frau Waas auf Jim Knopfs Lummerland. Alles, und das auch noch schrecklich nett. „Manufactum" hat auch noch eine Sonderabteilung: „Gutes aus Klöstern"! Muss so

218

eine erneuerte CDU sein? Ein bisschen grün, ein bisschen altbacken, technikverliebt und immer auf dem neusten Stand? Und vor allem: wirtschaftlich erfolgreich?

Burchard hat das Buch „Ausgegeizt!" geschrieben, in dem er das Manufactum-Prinzip ausfaltet. Es ist die alte Sehnsucht, dass Marktwirtschaft auch ethisch sein kann, dass Gutes und Wertvolles auch für alle zu haben sein muss. Vor allem: Wochenmarkt statt Aldi. Mittelstand statt Konzern. Genuss statt Konsum. Preisbewusst statt billig. Natürlich wirkt Idealismus immer kitschig. In der pragmatischen und inzwischen oft von Juristen dominierten CDU werden sich bei manchem die Nackenhaare sträuben, wenn sie den „Markenförster" Burchard vor traumhaftem Voralpenpanorama im Video auf „Youtube" entdecken und darüber philosophieren hören, dass Produkte wieder „eine Geschichte" brauchen und Konsumenten diese wieder lieben müssten. Das alles auch noch für eine bessere Welt. Ist das links? Die Mehrheit, zumindest in Konstanz, gibt Burchardt offenbar Recht. Sein Vorgänger im Amt war ein Grüner. Jetzt regiert wieder die CDU. Aber was für eine?! Seine Antrittsrede schließt dieser CDU-Lokalmatador mit einem Zitat von Platon. Das ist auch was für die CDU: „Ich kenne keinen sicheren Weg zum Erfolg, aber einen sicheren Weg zum Misserfolg: es allen recht machen zu wollen."

Nachwort

Die CDU ist tagtäglich Gegenstand vielfältiger, aktueller Berichterstattung in allen Medien. Zudem gibt es eine Fülle von wissenschaftlicher Beschäftigung mit der Partei. Schließlich ist ein reiches Spektrum an Primärquellen verfügbar, von Sitzungsprotokollen über Grundsatzprogrammen bis hin zu Aktenbeständen. Dies alles konnte für das vorliegende journalistische Buch nur in Ansätzen und unvollständig gesichtet, ausgewertet und berücksichtigt werden. Mit den erwähnten Personen, den beschriebenen Sachverhalte und Deutungen wird also keinesfalls der Anspruch erhoben, jede Facette – im Sinne einer Gesamtdarstellung der Partei – der CDU auszuleuchten.

Im Sinne einer besseren Lesbarkeit wurde auf eine wissenschaftlich korrekte Zitierweise verzichtet. Einige Bücher und Publikationen und ihre Autoren werden im Text eigens erwähnt, da sie besonders hilfreich für die Argumentation waren. Eine Auswahl maßgeblicher Literatur ist am Schluss des Buches verzeichnet. Für die Hilfe beim Ausfindigmachen von Material gebührt der besondere Dank der Konrad-Adenauer-Stiftung, dem Archiv für Christlich-Demokratische Politik sowie der Bundesgeschäftsstelle der CDU.

Neben den öffentlich zugänglichen Texten, Videos und Audiomitschnitten basiert das Buch zu großen Teilen auf persönlichen Gesprächen mit aktiven CDU-Politikern, ehemals aktiven Parteimenschen sowie Mitarbeitern, Wissenschaftlern und Journalisten. Diese Gespräche wurden größtenteils als Hintergrundgespräche geführt. Die Betreffenden werden weder zitiert noch mit Namen genannt. Dies ermöglicht einen ungeschminkteren Blick in das Innenleben der Partei. Allen Gesprächspartnern gilt mein ganz besonderer Dank für das Vertrauen, die Offenheit und den analytischen Blick auf die CDU und ihre Funktionsweise.

Bei Konzeption, Argumentationsstruktur sowie Materialbeschaffung und bei der Durchsicht des Manuskripts haben mir besonders mein Lektor Patrick Oelze sowie Matthias Brink, Olaf Hoffjann, Georg Löwisch, Thomas Peterson, Egbert Resing und Georg Wichmann geholfen. Ihnen gilt mein ganz besonderer Dank.

Berlin, April 2013   Volker Resing

Literatur

Baring, Arnulf; Kraus, Josef; Löhr, Mechthild; Schönbohm, Jörg: Schluss mit dem Ausverkauf. Berlin 2011.

Bösch, Frank: Macht und Machtverlust: Die Geschichte der CDU. München 2002.

Bude, Heinz; Fischer, Joachim; Kauffmann, Bernd (Hg.): Bürgerlichkeit ohne Bürgertum. München 2010.

Dürr, Tobias; Soldt, Rüdiger: Die CDU nach Kohl. Frankfurt am Main 1998.

Feldkamp, Michael F.: Der Deutsche Bundestag – 100 Fragen und Antworten. Baden-Baden 2009.

Hintze, Peter (Hg.): Die CDU – Parteiprogramme. Eine Dokumentation der Ziele und Aufgaben. Bonn 1995.

Koch, Roland: Konservativ. Ohne Werte und Prinzipien ist kein Staat zu machen. Freiburg 2010.

Kohl, Helmut: Berichte zur Lage 1989–1998. Der Kanzler und Parteivorsitzende im Bundesvorstand der CDU Deutschlands. Düsseldorf 2012.

Langguth, Gerd: Das Innenleben der Macht. Krise und Zukunft der CDU. München 2001.

Lau, Mariam: Die letzte Volkspartei. Angela Merkel und die Modernisierung der CDU. München 2009.

Merkel, Angela: Dialog über Deutschlands Zukunft. Hamburg 2012.

Merkel, Angela: Mein Weg. Angela Merkel im Gespräch mit Hugo Müller-Vogg. Hamburg 2004.

Münkler, Herfried: Mitte und Maß. Der Kampf um die richtige Ordnung. Berlin 2010.

Niedermayer, Oskar (Hg.): Die Parteien nach der Bundestagswahl 2009. Wiesbaden 2011.

Nonnenmacher, Günther; Vogel, Bernhard: Mutige Bürger braucht das Land. Freiburg 2012.

Oberreuter, Heinrich (Hg.): Am Ende der Gewissheiten. Wähler, Parteien und Koalitionen in Bewegung. München 2011.

Ockenfels, Wolfgang: Das hohe C. Wohin steuert die CDU? Augsburg 2009.

Schütz, Hans-Peter: Wolfgang Schäuble. Zwei Leben. München 2012.

Schwarz, Hans-Peter: Die Fraktion als Machtfaktor. CDU/CSU im Deutschen Bundestag 1949 bis heute. München 2009.

Schwarz, Hans-Peter: Helmut Kohl. Eine politische Biografie. München 2012.

Spier, Tim; Klein, Markus; von Aleman, Ulrich; u. a.: Parteimitglieder in Deutschland. Wiesbaden 2011.

Vogel, Bernhard: Wie wir leben wollen? Grundsätze einer Politik für Morgen. Stuttgart 1986.

Walter, Franz; Werwath Christian; D'Antonio, Oliver: Die CDU. Entstehung und Verfall christdemokratischer Geschlossenheit. Baden-Baden 2011.

Zolleis, Udo: Die CDU. Das politische Leitbild im Wandel der Zeit. Wiesbaden 2008.